LOUIS GILLET

Dans les Montagnes Sacrées

LIBRAIRIE PLON

Il a été tiré de cet ouvrage

25 exemplaires sur papier pur fil Lafuma, numérotés de 1 à 25.

DANS LES MONTAGNES

SACRÉES

LOUIS GILLET

DANS LES MONTAGNES SACRÉES

ORTA — VARALLO — VARESE

PARIS

LIBRAIRIE PLON

LES PETITS-FILS DE PLON ET NOURRIT

IMPRIMEURS-ÉDITEURS — 8, RUE GARANCIÈRE, 6e

A

ANTOINE BOURDELLE,

*témoignage de ma vieille et jeune
admiration.*

DANS LES MONTAGNES SACRÉES

CHAPITRE PREMIER

UN AMI DE NAUSICAA

Vers la fin du siècle dernier vivait dans un trou du vieux Londres une espèce de hibou. Il s'appelait Samuel Butler. C'était un bonhomme singulier, un individu à dadas. Il faisait de la peinture comme feu le douanier Rousseau ; en musique (autre violon d'Ingres), Hændel était son dieu et Beethoven sa bête noire. A Montmartre, cet excentrique aurait eu sa petite célébrité de café. Mais point de cafés à Londres ; l'humour y est un genre sérieux qui ne souffre pas la plaisanterie.

De toutes ses marottes, la plus dangereuse pour lui fut un amour de la vérité, passion noble dont ce diable d'homme réussit à faire un travers. Il faut savoir qu'il était d'Église : fils de chanoine, petit-fils d'évêque (d'évêque anglican, il va sans dire), il n'avait pas quatre ans lorsqu'il fit deux découvertes mémorables : l'une est que les jupes mentent, ces jupes qu'on portait alors très réservées, très prudes, pleines de sous-entendus, de dessous, de mystères, et l'enfant atterré connut que sa mère avait des jambes (voilà ce qui n'étonne plus les gosses des mamans court-vêtues d'à présent), la seconde que le poulet n'est pas massif comme du rosbif, mais qu'il faut en rabattre de plus de la moitié. Ce scandale lui laissa dans l'âme une longue blessure. La terreur d'être dupe devint la règle de sa vie. Il fut l'impie qui ne craint pas d'écarter les voiles maternels et de plumer toutes les volailles qui passent à sa portée, sans excepter, ma foi ! la colombe du Saint-Esprit.

C'est ce qui vaut à Butler, dans les cercles anglais d'avant-garde, la réputation d'un païen, d'une sorte d'Helvétius britannique. Mais laissons ses idées, c'est son histoire qui me plaît. La voici.

Le ciel avait mis sur son chemin une créature excellente. Miss Savage était faite pour le bonheur d'un homme de goût. Une légère disgrâce — elle boitait — ajoutait à tant de charmes cette humilité caressante par laquelle une femme sait se faire pardonner une imperfection. Belle? non, mais brillante d'esprit, de dévouement, supérieure par le tact et par l'intelligence, l'aimable infirme eût été l'ange qu'il fallait pour choyer le grand homme incompris. Ses lettres sont exquises. L'écrivain respirait agréablement cet encens. L'adoration de Miss Savage lui était chère, et en même temps elle l'effrayait. Il ne devinait que trop ce qui s'y cachait de sentiment, et il ne trouvait rien dans son cœur pour y répondre. La boiterie de son amie, au lieu de l'attendrir, l'irritait. Il refusait de loger l'amour dans ce corps d'oiseau blessé. L'hommage suppliant qui traînait à ses pieds lui était nécessaire, et l'égoïsme le glaçait.

Pour vaincre le vieux garçon, le sauver malgré lui, Miss Savage prit une résolution héroïque : elle voulut guérir, guérir pour être belle, au risque de sa vie. Elle se fit opérer à l'insu de son ami, et mourut de l'opération. Elle agonisait pour lui plaire sur un lit d'hôpital, tandis qu'il la croyait souffrante d'une simple grippe. Sa mort éclaira le cœur amer qui l'avait dédaignée. En relisant ces lettres d'une ombre si touchante, il comprit ce qu'il avait perdu. La morte, sans rien lui reprocher, répétait ses avances, ses douloureux sourires ; elle prodiguait sa grâce vaine par delà le tombeau. Une fois, disait-elle, vous en souvenez-vous? je vous vis dans la rue ; vous teniez à la main un cornet de cerises. Je passai, vous tendîtes le cornet sans mot dire : je puisai et m'enfuis en riant. Nous n'échangeâmes pas une parole. Ainsi, une cerise à la bouche, s'échappait Eurydice et l'ingrat se désolait de n'avoir pas prononcé le mot qui pouvait la retenir.

C'est alors que son remords prit un tour imprévu. Relisant l'*Odyssée* pour je ne sais quel sujet de divertissement musical qu'il pensait y trouver, il fut séduit une fois de plus par l'enchantement du poème, par cet air de fine ironie, ces jeux de Galatée ; et tout à coup, avec transport, il connut d'où venait le charme, il aperçut, sous les vieux vers d'une immortelle jeunesse, le tendre et malicieux visage qui lui soufflait : « C'est moi ! », et se persuada que la rhapsodie de l'antique aède était l'ouvrage d'une jeune femme. Une femme seule avait trouvé ces

nuances riantes qui manquent à l'*Iliade*, ces
détails de ménage, cette intimité, cette
idylle des princesses blanchisseuses, les ruses
d'Athéna, le rôle de Pénélope. Cette conviction s'empara de Butler avec ce caractère
de certitude qui ne lui permettait pas de
douter de ses lumières. Le plaisant est qu'il
croyait peu au talent féminin ; il ne pouvait
souffrir ni George Sand ni George Eliot. Mais
son illusion est la forme que prend dans son
âme le regret de l'amie disparue : voici
qu'elle flotte dans ses songes, la douce revenante, avec ses regards espiègles et toutes les
grâces de l'esprit, mais dégagée de sa figure
infirme et ornée maintenant de tous les
dons de la beauté ; et cette jeune merveille,
il l'appela Nausicaa.

Quel coup, pour un homme si tranchant,
que cette passion posthume ! Une infatua-
tion si baroque laisse bien loin les plus connus
de ces romans, comme l'accident fameux qui
fit de Victor Cousin le cavalier rétrospectif
de la duchesse de Longueville. L'amoureux
de Nausicaa mérite une place sous les myrtes
où errent les groupes de clair de lune, Titania,
Fantasio, Hippolyte et Sylvie, et Gaspara
Stampa et Henri Heine et Rilke et Gérard

de Nerval. Délire charmant d'une vie chagrine ! Faites-vous donc savant, lisez le grec, inventez une psychologie en avance de quarante ans sur Bergson, pour finir par une chimère à faire sourire un enfant. Reste-t-il tant de crédulité dans l'âme d'un vieux critique? C'est égal, quand on se dit que la Bible a été lue depuis trois cents ans par des millions de huguenots dont celui-là n'est pas le plus fou, on s'explique les variations des Églises protestantes...

C'est pourtant à cause de ce loufoque que me voici en route ce soir par les chemins de la Haute Italie. J'oublie à quelle occasion l'auteur d'*Erewhon* découvrit la province montagnarde où je vais et qu'il fit connaître par ses livres. Immortelle fascination de cette descente des Alpes ! Pour l'Anglais, émigrant de son île de brouillards, la route d'Italie, c'est naturellement la grande route liquide, la voie sacrée du Rhin. Par là, il franchit les montagnes, voit s'ouvrir devant lui les portes du soleil.

Certes, il est dans toute l'Italie des abris chers à l'âme anglaise. Partout la mouette de la Tamise rencontre quelqu'une de ses sœurs : à Naples, c'est la belle Hamilton, pareille dans ses voiles de danseuse aux figures de Pompéi ; à Ravenne, Manfred et sa muse irritée ; à Pise, sur la *marina*, parmi les pins des grèves, les cendres du bûcher de l'auteur d'*Alastor*; à Rome, sous les cyprès et l'arbre de Judée, au pied de la funèbre pyramide de Cestius, la dalle du poète de vingt ans, dont le nom fut écrit sur l'eau.

Mais le vrai séjour de l'alcyon des brumes, c'est toujours l'Italie du Nord. Une fois ou deux, dans ses drames, Shakespeare monte au Capitole, siège au Sénat avec César. Mais la bien-aimée qui le charme, son Italie à lui ne s'étend guère au delà des plaines que les fleuves arrosent et que les Alpes, au couchant, enveloppent de leur ombre. On dirait qu'il n'a pas le courage de s'éloigner : où il a subi l'enchantement, il s'attarde, il demeure. A demain, la suite du voyage ! Si douce est cette première volupté d'Italie. Cette molle Lombardie est la couche où se bercent les songes du poète ; il va de fleur en fleur dans ce jardin de femmes où raille Rosalinde, où Jessica languit, où Desdémone soupire, où Portia se travestit, où Juliette s'abandonne aux bras de Roméo, en écoutant le rossignol.

Veut-on me permettre un souvenir? J'avais onze ans, mes parents m'emmenèrent en Suisse avec ma sœur aînée. Une rencontre les décida à pousser jusqu'au lac Majeur. De Brieg, par la belle route impériale de Milan, la diligence nous fit monter par une matinée assez fraîche à l'hospice du Simplon ; elle s'engageait bientôt aux gorges de la Reuss. Brusquement, tout changea : les montagnes s'écartèrent, on entrait dans des vignes et des champs de maïs. La voiture fit halte au relais de la poste ; les paroles étrangères faisaient une musique plus gaie dans l'air sonore. Il pouvait être quatre heures du soir. Au sortir de tant d'effrois, de tant d'escarpements, le jour blond, répandu dans une lueur dorée, avait une qualité de lumière que je n'ai retrouvée plus tard que dans les tableaux de Claude Lorrain. Le postillon, penché sur son siège, se fit servir un vin épais que je vois encore couler d'une fiasque, comme un sirop. Nous étions à Domo d'Ossola. C'était un autre monde plus riant, plus ouvert, plus velouté, plus doux, une tiédeur d'atmosphère qui vous caressait le visage et où l'on avait l'impression d'entrer comme

dans du miel ; c'était une détente, un espace,
une sensation de plaisir que je ne m'expli-
quais pas et qui transportait de bonheur.
Je n'analysais rien, le charme entrait par
tous les pores. J'avais le sentiment de
voyager dans une idylle. Le soir, à Pallanza,
la lune se balançait à la cime des montagnes ;
le globe d'or, suspendu au-dessus des dômes
d'ambre, au milieu d'un ciel tourterelle qui
avait le duvet de la peau du muscat, dé-
ployait sur un lac de thé les lames de son
éventail d'écaille. Un souffle chargé de parfums et d'airs de mandolines arrivait des
jardins des îles Borromées, qu'on voyait se
peindre sur le reflet de l'astre comme si un
pinceau les eût tracées à l'encre de Chine sur
la soie. Telle fut ma première sensation
d'Italie : ce ne fut qu'une heure, un contact.
J'ai encore sur les lèvres la douceur de ce
baiser.

Comme on comprend l'attrait qu'exercent
sur l'imagination anglaise ces rampes méri-
dionales des Alpes, ces balcons d'Italie ! Pour
ces spleens qui se morfondent dans la gri-
saille de Londres, le besoin de joie et de
lumière peut devenir une nostalgie. Inutile
de passer le seuil : ce qui ne s'épuise pas, c'est

le contraste des régions tourmentées d'où l'on sort, et de ces champs de félicité ; c'est le débouché dans les plaines, ces étages où se suspendent à l'envi les saisons, où l'on peut savourer tour à tour le Nord et le Midi, se donner dix fois par jour l'impression de rentrer dans du soleil et du bonheur. On est sur la frontière de deux mondes : on y trouve à la fois l'hiver et le printemps, de la neige et des fleurs. Des lacs concentrent ces trésors et offrent en corbeille autour de leur miroir les délices de l'Italie.

Butler avait trente-cinq ans lorsque sa bonne étoile le conduisit dans ce canton. Il y était venu en futur rival de Turner, hésitant entre la gloire du peintre et celle du penseur. Il y revint régulièrement jusqu'à la veille de sa mort. Il se plaisait dans ce pays. Là, il devenait un autre homme ; le vieux hibou de Londres se métamorphosait : pour quelques semaines de vacances, il se faisait merle ou pinson. Il n'était plus l'auteur méconnu, il était *il signor inglese*, il était populaire. La gentillesse italienne le consolait de ses déboires ; il avait des amis dans chaque bourgade et chaque auberge ; il appelait le patron et le valet par leurs noms; il goûtait la satisfaction d'être tenu pour un oracle.

Les petites sensualités que flatte la cuisine locale, la bonne chère, les crus exquis achevaient de réconcilier cet être morose avec lui-même. Devant un verre de grignolino, plus de bouderie qui tienne. C'est à table que les peuples expriment le suc de leur philosophie. Dis-moi ce que tu bois, et je te dirai qui tu es. Le critique, sous ce ciel gracieux, se sentait tout à coup un trésor d'indulgence; il ne critiquait plus. Le mélange de malice et de naïveté, le bon sens de ces natures heureuses lui causaient le plaisir qu'on trouve dans la conversation d'un enfant bien doué; c'est le plaisir du naturel, de l'esprit non gâté par les choses apprises.

Cette bonhomie charmait Butler, ennemi de l'enflure et qui ne pouvait souffrir les expressions exagérées. Il en venait à perdre le préjugé contre le papisme. Il faisait bon ménage avec ces montagnes catholiques, que le troupeau des cloches disséminées dans les hameaux et dans les pâturages remplit à l'aurore, à midi et le soir d'une vibration d'argent, comme un bol de cristal sur le bord

duquel on promène un doigt mouillé. Il goûtait le bien-être de cette religion ingénue,
aussi éloignée du rigorisme que pouvait l'être
la religion de l'île des Phéaciens. Vue de près,
cette fameuse idolâtrie romaine n'était plus
un objet d'horreur. C'était une religion de
pleine terre, peu jalouse, sans une ombre de
malveillance et de pharisaïsme. Les pratiques
de ces bonnes gens, leurs petites supersti-
tions, les ex-voto qui suspendaient à des
troncs d'arbres miraculeux des jambes ou
des bras de cire, les processions de la Madone à qui les flonflons du village jouaient
des polkas et des valses, paraissaient cent
fois préférables au christianisme livresque
des théologiens : c'était ce qu'est un champ
de pâquerettes à une tête de chardon. Je
dois dire que les yeux d'une certaine Isa-
belle n'étaient pas étrangers à cette com-
plaisance. C'était une fille d'Arona, belle
comme le jour. Adossée à la porte de l'auberge paternelle, elle accueillait le voyageur
d'un geste noble, comme un ami. Il est
probable que Butler ne fit jamais autre
chose que de lui serrer la main. Mais cette
créature parfaite, debout sur le seuil de la
maison, lui fit une impression profonde.

Doux génie féminin, elle était à ses yeux la statue à forme de vierge de cette contrée qu'il aimait.

Toute la région est couverte de chapelles rustiques, d'oratoires sans nom, pas plus grands parfois qu'une niche ou une cabane de berger, le plus souvent sans porte, fermés d'une simple grille qui permet de voir une vieille fresque au-dessus de l'autel ; la plupart de ces chapelles, que ne dessert nul célébrant, ne connaissent d'autre office que la courte prière du passant qui se découvre une seconde en montant à son champ ou en redescendant au village, ou l'oraison de la pauvresse qui s'agenouille sous le petit porche et répand sur la pierre son cœur et ses soupirs. On ne sait plus bien l'origine de ces temples champêtres ; parfois le voisinage d'une source, d'une pierre sacrée, d'une borne, d'un arbre touché par la foudre, la mémoire de quelque accident ou de quelque prodige, la piété d'un propriétaire sont les causes de la dévotion. Le souvenir s'efface, la fresque tombe par morceaux avec la figure du saint et le nom du fondateur ; deux flambeaux de bois sans cierge, une lampe de verre sans huile, un bouquet fané sur l'autel composent les éléments du culte. Ce sont les grains dispersés d'un collier de prières, et ils prêtent à ces cantons des Alpes italiennes une physionomie de douceur et de piété.

De là s'est développé un art original. Dans plusieurs endroits, aux derniers contreforts du Mont Rose, dans les petites vallées du Cervo et de la Sesia, on voit ces chapelles se grouper et former un ensemble, un but de pèlerinage. Chapelles remarquables en ceci qu'elles ne sont pas faites pour y dire la messe, mais uniquement pour abriter des scènes de la vie de Jésus et des saints représentées par des personnages de bois ou de terre cuite, de grandes poupées enluminées, de saintes marionnettes pareilles à celles de nos crèches.

Ces musées d'un nouveau genre occupent plusieurs des hauteurs de ce versant des Alpes. Singulière idée de traiter une montagne comme un grain de chapelet, comme la noix de buis où le burin des vieux artistes, avec une patience d'insecte, arrivait à détailler la foule des Calvaires. Ces monts forment une chaîne, les patenôtres d'un rosaire alpestre : ce sont les *Sacri monti*, les montagnes sacrées.

Ce pays si particulier s'étend sur une largeur d'une quinzaine de lieues à l'ouest de
Côme, entre les rivières d'Olona et de la
Doire. C'est là que se rencontrent les sanctuaires d'Oropa, de Locarno, de Domo d'Ossola et les plus fameux de tous, placés un peu
en retrait sur une seconde ligne, Varese,
Varallo et Orta. On dirait d'un rempart qui
couvre l'Italie, défend les couloirs qui des-
cendent de la Suisse protestante : contre
l'aigre bise du Nord et les souffles glacés de
Genève, l'Église dresse ce mur de prières.
Le sanctuaire de Crea, en arrière du Pô,
forme le réduit du système.

Chacun de ces sanctuaires comprend quinze,
vingt et parfois jusqu'à quarante chapelles,
toutes peuplées de ces scènes et de ces
figures que j'ai dites. Cela constitue un
monde à part, une population étrange, des
centaines de personnages, la plus grande
multitude sculptée qui existe dans l'art chrétien depuis les cathédrales : immense cathédrale des montagnes, dont les flancs et les
tours sont les Alpes elles-mêmes, ayant
pour tapisserie les bois, les torrents pour
musique et pour voûte le ciel. En face du
calvinisme iconoclaste, la foi appelle à la

rescousse et fait jaillir de terre ces armées
de figures.

Il y avait là un art infiniment curieux, une
planète non cataloguée. Il n'en fallait pas
tant pour décider notre homme. A son premier voyage, quelqu'un lui enseigna Varallo,
et aussitôt ce phénomène artistique le frappa ;
avec son goût de l'inédit, son horreur du pon-
cif, cette manie qu'il avait de rompre en visière aux gens, il comprit qu'il venait de
faire une de ses meilleures trouvailles et
qu'il tenait de quoi faire faire la grimace
à ce qu'il détestait le plus, après les pasteurs
anglicans, les artistes de la Royal Aca-
demy. C'était le moment où la mode com-
battait Raphaël au nom de l'art gothique
et inventait chaque saison un primitif plus
primitif que celui de l'année dernière. Quel
bon tour à jouer à tout le monde, que de
prendre les classiques à revers par un vaste
mouvement tournant, en paraissant sur le
champ de bataille là où on s'y attendait le
moins.

C'était d'une haute stratégie : on courait
la chance d'envelopper à la fois les deux
armées. Butler mûrit longuement son plan,

ne voulut rien livrer au hasard. Il revint indéfiniment sur le terrain. Avec un zèle opiniâtre, il se mit en campagne, multipliant les courses et les comparaisons, interrogeant les personnes du pays, recueillant les légendes, fouillant les bibliothèques et les archives des notaires. Enfin, il donna dans deux mémoires, *Sanctuaires des Alpes* et *Ex-voto*, le résultat de vingt ans d'investigations.

Ces écrits ne sont pas très bons. Malheureusement pour lui, Butler n'était qu'un amateur. Il a de terribles lacunes et des lubies plus graves encore, comme lorsqu'il grandit sans mesure son favori, le sculpteur wallon Giovanni Tabacchetti, et sacrifie à cet inconnu tous les statuaires du monde. Mais il a rendu le service d'appeler l'attention sur cet art oublié.

Jadis, dans un livre de début, j'avais consacré quelques lignes au *Sacro monte* de Varallo. J'y signalais, d'après la description de Lomazzo, la conclusion et le dernier mot de l'école franciscaine. En somme, on n'écrit qu'un seul livre ; toute la vie se passe à ajouter des pages à l'œuvre entrevue à vingt ans.

J'avais renoncé depuis longtemps à ce genre d'études ; la guerre et des objets nouveaux m'excusaient de laisser sommeiller mes dossiers et mes notes. Le hasard d'une lecture d'*Erewhon* me fit feuilleter les autres ouvrages de l'auteur et réveilla mes curiosités assoupies. Et c'est ainsi que me voilà, cette nuit, brûlant les lieues et faisant un détour aux premières pentes des Alpes, afin de compléter mon vieil essai de jeunesse, le tout à cause de l'original *gentleman* que je crois à présent voir devant moi sur la banquette, parmi mes compagnons de wagon endormis, comme une figure de connaissance, inquiète et un peu nerveuse, qui serait montée en route dans mon compartiment et me ferait signe sous la veilleuse. Après tout, pour passer le temps en chemin de fer, quelle société plus amusante que celle de ce monsieur effacé, très doux sous le lorgnon et la barbiche ronde, qui fut l'extravagant amoureux de Nausicaa ?

CHAPITRE II

De Novare, une heure de voyage conduit à volonté à Orta ou à Varallo. Je commence par Orta, où l'on admire une vie de saint François d'Assise : ce n'est ni la première ni la plus importante des stations qui m'attirent, mais c'est la dernière étape de mon pèlerinage franciscain.

Par la plus belle journée du monde, le long d'une jolie rivière, à travers des cultures et des vergers en fleurs, au milieu des bouquets de cerisiers qui font dans la campagne une procession d'innocences, des blancheurs ét des tulles de premières communions, le train s'élève peu à peu sur des rampes en pente douce, dépasse çà et là une vieille tour, une chapelle isolée au sommet d'un rocher, et me laisse un peu avant midi dans une espèce de bout du monde, dans un cirque de montagnes qui entourent une eau bleue : c'est Orta.

De la gare, je m'oriente : plus de lac. Point de village non plus, d'ailleurs. Le paysage joue à cache-cache avec le voyageur. Une absurde villa mauresque en style de casino érige sottement au-dessus d'un mur de parc son minaret prétentieux, dépaysé comme une girafe sur une pelouse de Saint-Cloud. Seulement, comme fond de tableau, un dos de colline boisée, qui semble un éperon de la chaîne tout à coup invisible des Alpes, un dos de colline avec des pins et là-dessus, deux ou trois taches blanches, de petits kiosques épars, posés capricieusement çà et là comme des bibelots, de minuscules pagodes d'ivoire sur la peluche d'une étagère... Cette drôle de petite chose exotique, ces arbres, ces colifichets *rococo*, c'est donc cela, le *Sacro monte?*

Cette première impression n'est pas trop sérieuse : on songe à quelque japonerie, à ces jardinets de rocaille où des petits horticulteurs jaunes, virtuoses du rabougri, font tenir des forêts de cèdres, des rochers, des temples, tout un monde en miniature dans une jatte de grès, tout un art du lilliputien et du fantastiquement vieux dans des dimensions naines ; on songe à je ne sais quelles chinoiseries de paravent, à des bonzeries de kakémonos, et aussi à des fantaisies de jardins Pompadour, aux folies de Saint-James, aux gentillesses de Trianon.

Mais j'ai bien le temps de vérifier : j'ai l'après-midi devant moi. D'ailleurs, le paysage change. La route, qui porte un nom de général piémontais, contourne la colline au midi et défile au ras du lac, au pied de beaux jardins en terrasses : c'est le côté des villas de luxe, un coin de Côte d'Azur douillet, calfeutré, à l'abri de tous les mauvais vents, un coin de serre chaude qui surprend et charme soudain avec une profusion de camélias et de rhododendrons, tout un étalage de fleurs charnues qui évoquent au bord des balustrades des siestes, des nonchalances, des peignoirs entr'ouverts et des gorges de femmes.

Le village n'est qu'une rue avec une place carrée en façade sur le lac, entourée de maisons à arcades, et son hôtel de ville vieillot, comiquement perché de guingois au-dessus d'une petite halle, comme une châsse sur une civière : au milieu du lac, un îlot posé précisément au centre de la toile, avec ses maisonnettes de pêcheurs et son campanile en sucre rose, et tout cela vous a un air de

Suisse italienne, de décor d'opérette ou de vignette de keepsake décidément mil-huit-cent-trente, trop coquet mais tout à fait délicieux, du reste, fait exprès pour villégiatures et pour lunes de miel. Il ne manque que l'horloge pour faire dans ce paysage sentimental sa petite chanson de tableau à musique. Mais au lieu de la ritournelle attendue, voici un furieux croassement, un vacarme féroce qui éclate sous les arcades, et une bande de polissons qui se précipitent sur la place en agitant d'énormes et funèbres crécelles. C'est vrai : je n'y songeais plus, c'est aujourd'hui le jeudi saint, le jour que les cloches s'en vont à Rome et que leur grand murmure est remplacé dans toutes les églises chrétiennes, en mémoire du mort d'il y a deux mille ans, par ce grincement lugubre et ce râle de bois sec.

Cinq minutes plus tard, je déjeune au bord du lac, à une terrasse de guinguette, en face de la petite île ensoleillée qui se dessine aussi nettement sur le liquide azur que dans une étude de la jeunesse de Corot. Je suis seul, heureusement, tout ce charmant paysage, tout ce bleu de l'eau et du ciel est à moi. Hier, j'étais à l'Alverne, dans la brume et la bise.

Là-bas, c'était l'hiver, c'était la fin de mars
avec ses giboulées, ses chagrins, ses frimas ;
ici, c'est presque juin déjà, un vrai jour de
printemps ou de précoce été, avec un reste
de fraîcheur que le soleil n'a pas tout à fait
dissipée et qui empêche la chaleur d'être trop
brûlante. On est bien là, au sein d'un petit
Paradis, si clos, si fermé, en face de ces
belles montagnes dont la forme rappelle
celles d'Annecy ou de Talloires, au fond de
cette cuve heureuse où règne un climat si
amène et où le petit lac au soleil semble un
morceau de glace qui achève de fondre dans
un verre.

Certes, il fut joliment inspiré, ce saint
Jules, qui vint de Grèce évangéliser ces vallées et découvrit, au temps des invasions
barbares, ce paisible refuge lacustre. Quant
à saint François d'Assise, des traditions
attestent, paraît-il, son passage à Novare et
à Domo d'Ossola, malheureusement à une
époque qu'on ne précise pas et qu'on n'arrive pas à situer dans l'itinéraire de ses
courses. Mais saint Antoine de Padoue, le
grand saint franciscain de la Haute-Italie,
a fondé pas très loin d'ici, à la pointe du
lac Majeur, le couvent de Locarno, lequel

a aussitôt essaimé dans toute la région, si bien que cette province est encore une des plus riches en maisons franciscaines et le père Séraphique, qui chérissait les montagnes et les lacs, aurait béni cette partie alpestre de sa famille. Pour le sanctuaire, c'est Varallo et sa fameuse vie de Jésus qui en est le modèle et le petit Pauvre, comme il convient, n'est ici que le satellite et le reflet du Maître.

En dix minutes, par une venelle en cailloutis, au-dessus de la ville pour vacances et pour voyages de noces, on s'élève d'une centaine de mètres et on arrive par une allée bordée de chênes-verts à la porte du *Sacro-Monte*. Le lac, qui vu d'en bas paraissait un anneau parfait, s'allonge maintenant comme sur la carte et dessine entre les arbres sa bande de turquoise étroite comme une lame, où la petite île, aperçue presque à vol d'oiseau, brille comme une bête à bon Dieu sur une feuille d'iris.

La porte franchie (un arc de triomphe baroque où un saint François agité et plein de vent chante son grand air), le chemin débouche sur la plate-forme du *Sacro-Monte* : c'est un admirable belvédère, une colline

couronnée d'un bois, d'une colonnade de
pins, comme ceux de la villa Borghèse ou de
la villa Pamfili. Beauté de ces ombrages, de
ce dais de verdures sur un portique végétal !
On marche sur du velours et des mousses,
dans du silence et de la douceur. Les troncs
filent tout droits comme des mâts, sans
encombrement, sans surcharge, pour s'épa-
nouir en panaches comme une fusée de
feuillages. Ce ne sont pas les dômes, les para-
sols de bronze qui prêtent tant de majesté
aux soirs de la campagne romaine, mais une
sorte de pins maritimes qui a plus de svel-
tesse et d'élan, le corps aussi bien fait et la
tête plus éventée sous les grappes d'une chevelure plus ondoyante et plus légère : peut-
être qu'un tel arbre, isolé sur le Janicule ou
sur le piédestal des jardins Aldobrandini,
paraîtrait moins monumental ; il serait moins
beau dans l'attitude de la pensée solitaire,
mais il est d'une grâce plus touchante en
groupe et en charmille. Çà et là, quelques-
uns de ces beaux géants adolescents gisent
à terre, arrachés et déracinés par la dernière tempête. Cependant le reste du chœur
poursuit sa ronde élyséenne sur le tapis de
mousses, sous le transparent velum vert,

avec une musique, une vénusté qui feraient
embrasser comme des personnes vivantes,
sous le crépuscule attendri que filtrent les
ombrages, ces danseuses immobiles de la
prairie du silence.

Cela se passe sur une espèce de presqu'île,
un promontoire qui s'avance comme une
proue au milieu de ce lac pareil à un morceau d'azur, à un peu de ciel liquide qui se
serait recueilli là comme dans un de ces
vases en forme de navettes, si bien qu'òn
ne saurait plus dire au juste où on se trouve
ni à quelle hauteur, dans l'étrange et charmant jardin, sur un coin de nature un peu
extra-terrestre, avec ces reflets de montagnes
trempant au bord du lac leur frange de draperies blondes, et toujours la petite île qu'on
aperçoit là-bas, peinte avec minutie dans
une perspective irréelle. Et tout cela donne
une sensation de chose quasi flottante, d'une
chose verdoyante suspendue dans du bleu,
au-dessus de l'eau, dans un endroit inacces-
sible au monde, d'un séjour dans on ne sait
quel calme et planant espace du royaume
de l'air.

Mais voici que sous la pinède on aperçoit
des maisonnettes qui font dans la pénombre

verte autant de taches blanches, ces taches
que tout à l'heure, d'en bas, je ne réussis-
sais pas à me bien expliquer ; elles sont
d'abord deux ou trois, puis on en découvre
à mesure plusieurs autres, de ces maisonnettes, peut-être une douzaine (je sais maintenant qu'il y en a vingt), de figures toutes
différentes, tout un village de petits kiosques
disséminés sur la prairie, sous le demi-jour
des feuillages. On dirait d'une collection
d'ermitages, de retraites pour personnages
d'une *Astrée*, ou bien des mausolées pour le
dernier sommeil de princesses de contes.

Évidemment, ce sont les chapelles, les
stations du pèlerinage : c'est là dedans que
sont logées les scènes de cette vie de saint
François que je suis venu voir. Mais il est
si curieux, ce hameau de légères constructions éparses, que je préfère d'abord m'en
tenir aux dehors, en laissant l'intérieur et
le détail pour plus tard.

Délicieux vraiment, ce village sans rues
et sans âme qui vive, ce village de fabriques
toutes blanches et muettes sous le glauque
bocage. Rien que des oratoires, de petits
temples, des *chiesette* et des *chiesettine*, des
réductions d'édifices pour lesquelles il fau-

drait toute l'échelle de diminutifs de la
langue italienne, une variété de pavillons
orientés dans tous les sens, placés sur tous
les tertres et dans tous les creux du terrain,
dans des situations imprévues et presque
toujours ravissantes. Une architecture de
caprice, un rendez-vous de tous les styles,
une sorte de fantaisie sur tous les motifs de
Vitruve ; cela semble un jeu, un concours,
une exposition de modèles de toutes les
paroisses, sous leur uniforme crépi blanc.

Ce ne sont guère que des bicoques, faites
de moellons et de plâtras, à l'exception des
colonnes et des parties sculptées : architecture de pays pauvre, où on voulait faire vite
en économisant le plus possible. Il faut souvent, en Italie, prendre son parti d'une certaine pénurie de ressources, où l'esprit d'ailleurs trouve son compte et n'en brille que
mieux, comme le sourire de cette église de
campagne qu'un grand maître appelait la
jolie paysanne.

Fabriques de toutes les formes, montrant
les plans les plus divers, la plus ingénieuse
invention ; deux artistes, les frères Grandi,
qui ont fait de si jolies choses dans leur ville
de Crema, sont les deux chefs d'orchestre

de cette fantaisie. Et ils s'en sont donné du plaisir et de la liberté ! Ces principes classiques dont les pédants parlent comme de lois absolues, on ne soupçonne pas à combien de nuances ils se prêtent, quelle richesse ces éléments offrent entre les mains d'un homme de goût. Circulaires, carrés, octogones, hexagones, petits dômes, petites coupoles, portiques simples, portiques à colonnes redoublées, il n'y en a pas deux pareils, de ces petits édifices, pas deux qui se répètent ou se copient l'un l'autre. Deux ou trois entre tous les autres sont tout spécialement adorables : d'abord, un petit temple très simple, accompagné d'un délicat péristyle dorique, d'un atticisme déjà « Louis seize », et puis une exquise rotonde qu'une galerie d'arcades et de fines colonnettes environne d'un anneau à jours, et qui n'est autre que le temple que Raphaël a peint à l'arrière-plan de son *Sposalizio*.

Mais où donc ai-je déjà rencontré tout cela, et d'où vient que ces menues choses blanches, ces élégants chalets qui font si bien dans le paysage, me donnent de nouveau une impression de *déjà vu* ? Où ai-je donc goûté cette manière libre de marier les fabriques et les verdures, de disposer au fond des bosquets de petits monuments, des motifs pour les âmes sensibles? Ces architectures pittoresques, ces poétiques joujoux, ces temples rêveurs au fond d'un parc, tous ces Hubert Robert qui nous enchantent sous les ombrages, ces jolis riens semés sur une pelouse d'Arcadie, est-ce que ce n'est pas cela qui est devenu l'art de nos *Brimborions* et de nos *Bagatelles?*

Et je me demande, ô Jean-Jacques, si ces jardins anglais, dont tu fis l'éloquent éloge à ta Julie, ne sont pas tout bonnement une invention de moines franciscains, une invention où d'ailleurs entrait sans doute le souvenir de ces jardins chinois et de ces étangs des Lotus, créés pour la délectation des Empereurs Célestes, et que les missionnaires de l'ordre avaient pu admirer au fond des palais de Pékin.

Mais il est temps que je me décide à entrer dans toutes ces chapelles, ou plutôt que je m'approche des grilles par où l'on peut voir. Car chacune de ces *chiesette* n'est au fond qu'une boîte de forme variable n'ayant qu'une seule ouverture faite pour

le spectateur, une grande « boîte à perspective » comme en construisait l'ingéniosité
des peintres hollandais, avec un système
d'éclairage calculé pour mettre en relief les
choses disposées ou peintes à l'intérieur, de
manière à produire le trompe-l'œil, l'illusion
momentanée de la réalité. Des portes qui ne
s'ouvrent jamais, de grands grillages de fer
battu, de larges écrans de bois sculpté à rinceaux admirables, d'un opulent style du
grand siècle, qui a mis sous des clôtures et
des merveilles de ferronnerie tant de jeunes
vies cloîtrées, laissent ouverts çà et là une
rangée d'œils-de-bœuf où le visiteur colle
les yeux, comme on fait, dans les foires, à
la visière d'ébène d'un stéréoscope.

J'approche ainsi de la grille de la première
chapelle. Oh! l'étonnante chose! Une écurie,
une vraie écurie, avec sa mangeoire, son
râtelier fait d'une échelle clouée obliquement
au mur, avec ses licols, ses anneaux, ses animaux grandeur nature, une écurie de maison
riche dont un palefrenier bien stylé pourrait
à la rigueur faire usage pour attacher ses
bêtes ; il y a même au râtelier une poignée
de foin véritable, un peu mangée même,
comme si, la nuit, les pensionnaires de cette

étable de Belle au Bois dormant y donnaient
parfois un coup de dent pour soutenir leur
lente existence, et qu'on doit bien, j'imagine,
renouveler tous les cent ans. Et, là dedans,
une demi-douzaine de femmes qui s'em-
pressent, font chauffer des linges, bouillir
de l'eau, s'activent autour du nouveau-né,
un gros bébé joufflu que l'aïeule, assise sur
une escabelle au centre de la scène, vient de
recevoir entre ses bras.

C'est la naissance de saint François. Une
légende assez récente, ou plutôt une tradition pieuse fondée sur la conformité de saint
François avec Jésus, veut que cette imitation
ait commencé dès le berceau, et que pour
débuter la mère du saint, comme la Vierge,
ait tenu, par humilité, à mettre son fils au
monde dans une étable. Cette idée s'est ac-
créditée dans l'art du dix-septième siècle. Ici,
les animaux eux-mêmes semblent conscients
du prodige. L'âne, couché à terre au pied de la
mangeoire, rumine sans lever sa tête obtuse ;
son voisin le bélier, debout sur ses pattes stu-
péfaites, contemple d'un œil rond et interro-
gateur ; mais le cheval, à droite, salue le *bambino* d'un hennissement en fanfare et fronce
sous son front inspiré un sourcil prophétique.

Quant aux figures... Un tableau vivant, une de ces toiles de maîtres que reproduisent des acteurs ou des figurants en costumes, mais qui seraient cette fois des figurants tout à fait immobiles, des acteurs vraiment pétrifiés. Cela surprend un peu d'abord, cela déroute tout à fait nos habitudes de vision, cette excessive recherche de la réalité, cette espèce de moulage qui veut donner absolument l'équivalent de la nature. Pour nos yeux accoutumés aux transpositions de l'art, il y a là une crudité qui blesse ; on voudrait de l'ombre pour noyer tout cela, ou alors au contraire, des torrents d'électricité. Ici, à la clarté du jour, les choses ont un aspect à la fois décousu et figé. Mais est-ce qu'il s'agit de nous autres blasés? Pour le peuple, l'enfant, le paysan de ces montagnes, aucun doute : cette scène est la vérité même et il s'écriera : « *Chè bello!* »

Il faut le dire, du reste, elles sont fort réussies, les figures de ce tableau vivant. Depuis qu'on traite ce sujet des Noëls ou des naissances de la Vierge ou des saints, on en citerait peu d'exemples plus aimables. L'artiste, travaillant pour les simples, s'abandonne à sa verve. La composition est charmante. La vieille, avec son bon visage souriant et usé et le petit châle à rayures dont les bonnes femmes de ce pays s'enveloppent les épaules, avec ses tendres mains flétries et caressantes qui soutiennent comme un trésor le poupon de sa fille, et cette expression partagée entre l'angoisse et le bonheur, la vieille est une bonne maman délicieuse. La jolie nourrice qui s'empresse et, flattant d'une main la tête du marmot, fait jaillir vivement de sa chemise un jeune sein, n'est pas moins ravissante : toutes les femmes seront attendries ; toute fille envoyant ces gestes si naturels, cette fête autour d'un nouveau-né, sentira dans son cœur s'éveiller la douceur maternelle.

Mais un groupe extraordinaire, par exemple, c'est celui qui s'aperçoit dans l'angle à gauche de la scène, et qui montre la mère entre les bras de la sage-femme.

Assise, défaillante, les mains mortes tombant sur ses genoux écartés dans une pose anéantie, sans plus de force qu'une paille écrasée, qu'un épi dont le fléau vient d'expulser le grain, l'accouchée parmi ses robes lâches semble une chose écroulée qui se défait dans une attitude dénouée, se défait

et s'abandonne, expire d'avoir donné la vie.
Sa tête flotte sans regards, pâle, pâle, sans
une goutte de rose sur sa bouche entr'ouverte,
noyée de fatigue, de dégoût, d'amour et de
béatitude. Le corps à bout de sang se ren-
verse en arrière, s'adosse au corps de la
matrone qui la tient ceinturée ; mais celle-ci,
lui passant les bras sous les aisselles, l'épau-
lant, les manches retroussées, attentive, avec
un sourire entendu, un air de dire : « Courage ! Ça passe, on n'en meurt pas ! » lui
appuie largement les deux mains sur le
ventre, masse, comprime de ses paumes les
pauvres entrailles déchirées.

Je renonce à décrire vingt chapelles, et
du reste on n'y trouve plus rien qui se sou-
tienne à la hauteur de ce groupe sublime.
Seulement, dans une des dernières, celle de
la mort de saint François, qui est du même
auteur que la chapelle de la Naissance, on
reconnaît le talent de l'artiste qui a mo-
delé ces belles figures féminines ; les deux
femmes qui se penchent à genoux sur le
moribond et embrassent avec larmes ses
pieds stigmatisés, comme la Madeleine et
Marie-Salomé s'inclinent sur le cadavre des

Dépositions de croix, forment avec la personne émaciée du gisant et celle du prêtre en étole psalmodiant les dernières prières, une composition touchante. J'aime beaucoup ces dames, ces amies de François, Jacqueline de Settesoli et sa fille, couple aimable qui ne se rencontre jamais dans l'art du moyen âge ; c'est le dix-septième siècle qui les a retirées de l'ombre, avec tant d'autres traits poétiques. Frère Emmanuel de Côme n'a garde de les oublier dans ses fresques de l'Alverne. Ces piétés féminines, les crêpes de la veuve, le corsage de brocart et la robe d'or de la jeune fille fournissent autour d'une agonie les éléments d'un riche contraste. Ici, comme dans la scène de la Naissance, l'artiste travaillait sur un grand thème humain : il avait derrière lui la tradition des *Mises au tombeau*, et ce passé le soutenait.

Le reste, il faut en convenir, est la plupart du temps au-dessous du médiocre. L'équipe du début, les Bussola, les Prestinari et les peintres, Nuvoloni, les Fiammenghini, Morazzone surtout avec ses délicieuses tonalités feuille morte, ont fait du travail excellent ; mais l'œuvre s'est traînée cahin-caha cent cinquante ans, presque jusqu'à

la fin du dix-huitième siècle, et en avan-
çant à travers les chapelles de cette époque
(il est même question d'en construire une
nouvelle, celle du loup de Gubbio), cela devient à mesure d'une froideur plus déses-
pérante.

Partout, d'ailleurs, le même principe, ce
système de poupées humaines, de bonshommes peints grandeur nature, quelquefois avec des raffinements de vérité puérils,
des tignasses d'étoupe, des draperies qui sont
de vraies étoffes empesées et raidies avec un
enduit de plâtre, recherches qui, naturellement, produisent un effet tout contraire et
ne font qu'empester le faux. Et sur tout cela,
sur les figures qu'on a beau rafraîchir et re-
peindre, sur les perruques, sur les soies et
les cotonnades vraies ou feintes, dans les
creux de tous les visages et aux plis des
vêtements, s'amasse à travers les grilles, les
chancels ouvragés, s'amasse et se dépose,
seule chose active, infatigable, qui accuse
d'autant mieux l'immobilité des personnages,
une fine poussière grise, un voile d'impalpable cendre...

Ce qu'il y a de curieux aussi dans ce système, c'est le mélange de la peinture et de

la statuaire, la liaison du décor mural avec les groupes solides disposés sur le sol. Cela forme un amalgame passablement étrange, à quoi l'œil a un peu de peine à se faire ; il y a toujours un hiatus entre ces deux ordres tout différents de représentations, entre les corps à trois dimensions et les surfaces qui n'en ont plus que deux. Entre ce qui a du poids et ce qui n'en a point, l'équilibre des sensations ne se retrouve plus.

Du reste la peinture s'emploie ici, selon les cas, dans des acceptions très diverses. Souvent, elle sert à évoquer autour du sujet principal tout ce qui s'y rapporte dans la biographie du saint. On ne pouvait pas, bien entendu, reproduire toutes les scènes par ce procédé dispendieux, dans un relief continu et total ; alors, on se contente de choisir un sujet et on rappelle le reste dans une série de tableaux. Par exemple autour de la scène du *Miracle des roses*, sept ou huit fresques représentent les autres tentations et les tribulations du saint. D'autres fois, ces fresques développent des thèmes symboliques, des rapports avec l'Écriture.

Enfin, dans trois ou quatre grandes scènes, *Saint François chez le sultan*, le *Car-*

naval à Pérouse, il ne s'agit plus que de déployer des spectacles historiques : la peinture fait corps avec le sujet réel, la soudure est complète entre la scène et le décor. Et alors, on obtient quelque chose d'inouï : toute une architecture peinte, des palais à la Véronèse peuplés de cent personnages et qui auraient lâché une partie de leur foule, trente, cinquante figures qui envahissent la scène. Qu'on imagine des *Noces de Cana* dont tout le premier plan serait sorti du cadre... Comme effet, c'est vraiment tout à fait incroyable ; dans le *Carnaval* surtout, cette place, ces colonnades, cette foule, ces masques, ces chevaux, cette bousculade, cette cohue multicolore, gesticulante, ce désordre forment un spectacle tellement épars que l'œil n'a plus le temps de s'arrêter au détail et de coordonner tant de perceptions diverses ; c'est un tumulte de formes un peu ahurissant, un tourbillon de personnages à donner le vertige. Tout cela est vulgaire, canaille, étourdissant ; cette masse déconcerte et vous saisit comme une trombe. On croit entendre le charivari d'un orchestre *bruiteur,* un concert de casseroles, de sirènes, de tam-tams et de klaxons. Le regard éperdu communique aux groupes son inquiétude, les transitions lui échappent, on ne distingue plus les raccords ; cela s'agite, cela grouille, cela brille, cela hurle, tout se brouille et cette scène de ballet figé comme un plateau de carrousel, un cirque de chevaux de bois à l'arrêt, sous un déluge de lumières, dans le vacarme des orgues de Barbarie, donne une hallucination, une frénésie de mouvement.

Est-ce beau? Évidemment non. On est en marge de l'art, en dehors de tout ce que se propose le goût. C'est une salade de sensations sans rapport avec ce qu'ont cherché les maîtres de tous les temps. On se trouve dans un domaine à part, qui n'est plus proprement celui de la beauté pure. Il s'agit bien de cela ! Il s'agit d'asséner aux sens une forte secousse, de leur imposer des images et des convictions. Cela se voit bien dans les scènes qui représentent des faits surnaturels, par exemple celle de l'Alverne, ou bien dans la scène nocturne où le Père Séraphique apparaît à ses disciples, transporté sur un char de feu. La vision se matérialise sous la forme la plus crue. Le char de feu est une brouette pendue à la voûte comme un lustre. Dans la scène des stigmates, les vieux maîtres imaginaient cinq rayons qui, partant des plaies du Crucifix, percent les membres et le côté du saint. Ici les rayons sont remplacés par un système de fils. O miracle ! On voit les ficelles.

Ne jugeons pas trop ces écarts avec nos idées de raffinés. L'Italien n'y cherche pas malice : devant ces réalisations grossières qui nous choquent, il n'est point dupe et il admire pourtant de bonne foi. Ce public si fin a de charmantes parties d'enfance ; on lui en impose peu, mais tant qu'il s'agit de son plaisir, il aide de son mieux et il y met du sien. Il ne permet pas à sa raison de lui gâter sa joie.

Bien des choses en Italie doivent être prises *alla buona* et avec le sourire. Plus d'une qui m'offensait jadis, le faux, le *toc*, le stuc qui remplace tour à tour les marbres et les ors, les découpures en trompe-l'œil de la voûte de Milan, sont de petites feintes qui, là-bas, ne trompent personne et qui n'irritent que les sots.

Un jour, à Naples, le *maëstro* qui conduisait l'orchestre fort correctement en habit noir, fit si bien qu'à la fin de l'acte les bravos éclatèrent. Il se leva et se tourna pour saluer la salle : on vit alors qu'il était en veston. La queue de morue était un postiche fixé au tabouret. On n'applaudit pas moins. Chez nous, on se serait fâché. La chose aurait passé pour un manque de respect.

C'est égal, on ne sait plus bien où on est ; on est courbaturé, fourbu comme après une course sur une piste pleine de cahots. Drôles de corps, tout de même, ces bons pères franciscains qui brusquaient, bousculaient les règles, fonçaient à bride abattue à travers l'esthétique et vous inventaient à la fois, en plein dix-septième siècle, les jardins anglais et le musée Grévin !

J'ai besoin d'y voir clair, de classer mes idées. Du meilleur, du pire, de l'excellent et de l'exécrable, une débauche de virtuosité, du vieux, du neuf, de l'archaïsme, du futurisme, avec des choses d'un goût classique ; des paysages admirables, une pastorale dans un jardin, mêlée à une entreprise presque effrontée de publicité ; de la solitude, de la rêverie, de l'abandon, de la poussière, comment accorder ce chaos d'impressions disparates ? Il y a là un art inédit, à la fois complexe et grossier, en tout cas extrêmement hybride, avec çà et là certaines

fleurs d'une grâce jamais vue, des poèmes
d'une humanité et d'une tendresse sans pareilles...

J'erre en ruminant tout cela sur la prairie
arcadienne, parmi la mignardise des petits
temples néo-grecs, entre les portiques desquels des échappées de lac mettent des petits
coins d'Égée en miniature. Et voici qu'à la
buvette qui se trouve vers l'entrée du parc,
est venue s'installer l'inévitable noce : pas
d'indiscrets touristes, heureusement ! mais
une famille du pays, de bonnes gens endi-
manchés qui viennent de marier leur fille
et, pour occuper la journée, conduisent le
jeune ménage en procession jusqu'à ce « point
de vue » très renommé.

Très calme, cette noce, pas du tout émé-
chée, sans aucun des éclats, des gaietés mal-
sonnantes qu'il y aurait chez nous, après cinq
heures du soir et beaucoup de rasades, dans
un mariage de cette classe. Elle, dans sa
petite robe modeste, est très réservée, très
demoiselle, l'air lointain et ennuyé plutôt
d'être ainsi promenée en public ; lui s'applique à faire le galant, mais sans mauvaise
façon, comme un grand frère qui entoure-

rait délicatement une jeune sœur, sans se
permettre devant les enfants aucune fami-
liarité, pas même un regard un peu vif. Tout
le monde boit, sans parler, avec cérémonie,
chacun se sentant pénétré de la dignité des
circonstances.

Tout à l'heure, le cortège ira se pencher
en chœur aux œils-de-bœuf des grilles et
des boiseries et ce seront des exclamations,
des petits : « Ah ! » de plaisir devant toutes
ces belles choses. C'est pour ce public-là qu'a
été faite l'œuvre conçue il y a trois siècles
par les fils de saint François ; ce sont ces
bonnes gens qui viennent prier devant ces
poupées de musée Grévin et qui suspendent
en ex-voto de petits cœurs d'argent à la me-
notte du *bambino* de la Naissance de saint
François.

Mais voici que tout s'assombrit et que le
paysage change. Un énorme nuage que je
n'avais pas vu venir, arrive par-dessus la
crête des montagnes. En un clin d'œil, tout
s'éteint, le lac prend une teinte de plomb, la
petite île s'estompe comme un fusain qu'on
efface d'un revers de main ; un vent noir
hérisse tout à coup la surface de l'eau tout
à l'heure si bleue. L'orage accourt et déjà les

premières gouttes tombent. Brusque surprise,
serrement de cœur, qui me remettent en mémoire les coups de vent funestes qui viennent
de ces vallées, la menace de la bise, l'éternelle
bourrasque du Nord...

CHAPITRE III

LE PARIA

Le voyageur qui visite à Londres la royale nécropole anglaise aperçoit dans le désordre de la confuse cité des morts, dans le gothique écrin de la chapelle Tudor, sous le dais ondoyant des voûtes à liernes et à panaches, un fastueux sépulcre de bronze et de marbre noir : c'est le monument du fondateur de cette chapelle funèbre, le monument des princes en qui s'éteignirent et se marièrent les haines des deux Roses, le tombeau d'Henri VII et de Marguerite d'York.

Ils sont là côte à côte, mains jointes, dans l'attitude d'une éternelle prière, dans les amples remous des houppelandes et des jupes de bronze : lui, avec son profil aigu, ses lèvres prudentes et parcimonieuses, pincées comme par un cordon de bourse et, sous la barrette carrée, une physionomie de docteur et de sacristain qui lui donne un faux air d'Érasme ; elle, la rose d'York, beaucoup plus jeune que lui, très grande et parfaitement pure avec un long visage de paix et de bonté, un de ces visages d'Albion, visage d'eau dormante sans trouble, sans secret, le visage de Cordelia.

Ce beau monument, le premier de la Renaissance en Angleterre, est du sculpteur Torrigiani.

Torrigiani !... Un nom de renommée sinistre, un maudit, un réprouvé de l'art, une espèce de Caïn pour lequel il n'est plus de grâce ou d'amnistie, le sacrilège qui osa nier et défigurer Michel-Ange...

Ils étaient du même âge. Ils dessinaient ensemble, âgés de dix-sept ou de dix-huit ans, dans la chapelle des Carmes, qui fut le séminaire de la peinture florentine. Le jeune Buonarroti, génial et orgueilleux, la langue acérée et mordante, ne perdait pas une occasion de faire le goguenard et d'humilier ses camarades. Un jour Torrigiani, qui était un colosse, perdit patience. Les paroles s'envenimèrent. Torrigiani frappa. Le coup porta en plein visage. « Je sentis, disait-il plus tard à Cellini, l'os du nez s'écraser, craquer comme une oublie. »

Pour le malheur de Torrigiani, il se trouva que sa victime allait devenir le plus beau génie de l'Italie, le vieillard surhumain, dernier survivant de l'âge d'or, le géant solitaire devant qui se courbaient les générations nouvelles et qui les dominait de la hauteur d'un monde à part, un monde d'héroïsme et de mélancolie. Pour ces jeunes idolâtres, le coup de poing de Torrigiani fut la vengeance de l'impuissance, une insulte à la gloire.

Dès lors il n'y eut plus, pour l'auteur de ce mauvais coup, de vie possible en Italie. Tel était, même à dix-huit ans, le prestige de Michel-Ange que son adversaire prit la fuite, se bannit de Florence. Il se fit soldat, guerroya quinze ans sous Borgia et Gonzalve de Cordoue, passa en Flandre et de là à la cour d'Henri VIII. Plus tard, on le retrouve à Grenade, où il fait le buste de l'impératrice.

Mais son démon ne le lâchait pas. Mécontent du salaire qu'un grand d'Espagne lui payait l'un de ses ouvrages, Torrigiani s'emporta encore et brisa la statue. C'était par malchance une statue de la Vierge. En Italie, cette violence eût été sans danger ;

on n'y eût vu que le juste dépit de l'artiste offensé. Mais ce qui était peccadille à Rome ou à Venise, devenait crime à Séville. Dénoncé à l'Inquisition et jeté au cachot, le pauvre diable désespéra et se laissa mourir de faim...

Pourquoi me revient-elle en mémoire, cette ombre tourmentée, et pourquoi est-ce sa colérique image qui ce soir flotte dans ma tête où se démènent les forcenés, les Peaux-Rouges du *Sacro-Monte*? Pourquoi derrière ces foules dévotes cette figure d'excommunié? D'avoir frotté un peu vigoureusement le nez d'un camarade, ce n'est pas une si grande affaire. Mais, plus profondément, ce geste devient un emblème : c'est le geste d'un réfractaire qui refuse de sacrifier aux nouvelles idoles. Torrigiani est l'homme qui a dit : « Non » à Michel-Ange. C'est l'*anti*-Michel-Ange, qui donne sur sa joue un soufflet à la Renaissance. Ainsi envisagé, son cas représente un conflit, un des drames de l'art et il se trouve au cœur du sabbat que nous fait cette bande des barbouillés d'Orta.

Nous avons tellement l'habitude de la statuaire incolore, les yeux tellement faits

à ces blancheurs d'albâtre, que le contraire
nous déconcerte et même nous scandalise
un peu. Nous disons : « Pâle comme un
marbre », comme si cette locution offrait
un sens indiscutable. Pourtant, jusqu'à la
Renaissance, toute la sculpture a été peinte,
et le préjugé de la statuaire blanche date
d'une méprise de Michel-Ange qui, ne con-
naissant que les antiques des fouilles, blan-
chis par des siècles de séjour souterrain,
s'imagina que cette blancheur était une loi
des Grecs et s'empressa de l'imiter. Cette
absurdité s'imposa avec l'autorité des œuvres
du génie. Alors commença cette tribu de
larves et de fantômes, ce peuple de nudités
et d'insipides académies sur lesquelles flotte
toujours le même froid de suaire et qui, sur
les places de nos villes ou encore chaque
printemps dans le hall de sculpture de nos
Salons annuels, semblent porter en frisson-
nant on ne sait quel deuil nostalgique, le
deuil blanc de la vie...

Rodin ne se consolait pas de cette sculpture atone. Il avait fait de longs essais de
sculpture en couleurs, de modèles en pâte de
verre colorés dans la masse, comme le sang
transparaît sous la peau et comme il l'admi-

rait dans les œuvres de son ami Henri
Cros. Je le vois encore manier un petit
masque qu'il fit ainsi d'une danseuse japonaise, un petit masque précieux qui avait
vraiment la matité de la chair et le duvet
du fruit.

Il le savait bien, ce grand maître, que
toutes les belles sculptures ont été des
œuvres polychromes et que les Grecs auraient bien ri de nous voir admirer ces
pâleurs d'ossuaires, ces cadavres de statues étiquetés dans nos musées. Ils auraient
bien ri de nous entendre vanter comme des
chefs-d'œuvre ces pierres léssivées, noyées
à grande eau dans tous les savons de l'idéa-
lisme et privées définitivement d'épiderme
et de saveur. Ces] frontons de Phidias et
ces statues d'Égine, quel scandale s'ils nous
réapparaissaient tout à coup tels que les
admira la Grèce, bigarrés de chrome et de
minium, dans leur bariolage original! La
Pallas chryséléphantine, toute scintillante
d'ivoire et d'or, nous paraîtrait barbare;
elle nous ferait l'effet de ces figures fa-
rouches de nos trésors d'Auvergne, comme
la Sainte Foy de Conques, ruisselante de
gemmes et d'escarboucles. Oui, toute œuvre

sculptée, tout relief d'Égypte ou d'Assyrie, les frises de Persépolis comme les stèles funéraires des hautes époques chinoises, les portails de Chartres et de Beaulieu, tout ce qui s'est fait avant le funeste académisme, a été une œuvre peinte, riche de vie et de couleurs, et c'est le reste de ce coloris, empreint dans le grain de la pierre, qui prête encore à ces débris de l'injure des âges un fantôme de chaleur et une ombre de sourire.

Il savait cela, Rodin, et c'était pour lui un sujet continuel de détresse. Il avait la tête pleine de couleurs autant que de formes. Il pensait comme la nature, qui peint en même temps qu'elle dessine. « Dieu, disait-il, est le grand peintre comme le grand sculpteur. La nature ressemble à un étalage de fleuriste, à un écrin de joaillier, jamais à une boutique de plâtres. Et quels bas-reliefs, quelles frises, mais quels tableaux aussi dans ces Panathénées du ciel, la cavalcade des nuages ! Tout nous enseigne à peindre ; la moindre pâquerette, qui ravit par sa forme, enchante par sa couleur. L'homme seul sépare au lieu d'unir. » Pourtant, malgré tout son génie, il ne se sentait pas de force à rompre avec ses chaînes. La tradition était perdue,

C'était une langue à refaire. Il n'osa ou ne put. Il se donnait le change en prêtant à ses bronzes des patines inédites, imitant des oxydations de rouilles, le luxueux travail que le temps élabore sur les figures sorties des fouilles de Pompéi. Mais il ne lui échappait point que ce n'était pas cela, qu'il ne faisait ainsi que se leurrer lui-même ; et de tout ce qu'il rêva en ce genre de peinture sculptée, il ne lui restait entre les mains que la légère épave du masque en pâte de verre, avec son velouté moqueur de fruit défendu, le masque de la danseuse japonaise qui le raillait de ses yeux bridés et de son vague sourire gothique.

Je ne me souviens pas que Rodin, qui m'a tant parlé de Rome et du moyen âge, m'ait jamais dit un mot de l'Espagne. Sans doute, il la connaissait peu. Il ignorait, comme tout le monde, la sculpture espagnole, alors plus inconnue encore que méprisée, ou ne la découvrit que trop tard, alors qu'il n'avait plus assez de jeunesse ou d'énergie, assez de jours pour apprendre, pour vouloir, pour risquer encore.

Ce qu'elle offre de merveilleux, cette sculpture espagnole (et plus encore que la peinture

même d'un Zurbaran), c'est de donner l'objet
intégral, la sensation entière, le choc douloureux ou la caresse que causerait la chose
même, avec un dédain des systèmes et avec
au contraire des recherches de matières, des
raretés de formes et de coloration, qui font
de certaines œuvres de Montañes ou de Cano,
des choses dont rien n'approche. Visages de
pitié dans le demi-jour mourant d'une chapelle de Grenade, paupières meurtries, yeux
sans regards qui versent de vraies larmes,
petites bouches navrantes dont les lèvres
muettes n'ont même plus la force d'un sanglot ; têtes verdies, vidées tout à coup de leur
sang, faces de décapités hagards dans le bassin
d'or de Salomé, avec un grand trou au milieu
d'où sort une clameur et des cheveux terribles
flamboyant tout autour dans un grand héris-
sement d'horreur ; corps pendus à la croix, le
front chargé d'épines, avec un peu de sang
qui perle au bord des plaies, Christs déposés,
brisés, suppliciés, n'en pouvant plus, avec
cette expression que c'est fini, d'avoir été
au bout des souffrances humaines, avec leurs
écorchures, leurs plaies où restent des gra-
viers, couchés dans leur élégance spéciale de
cadavres : trouvailles incroyables, tortures

exquises faites pour la contemplation d'une
Thérèse ou d'un Jean de la Croix, dignes du
pays qui a fait de ces émotions des noms
propres et baptisé ses filles Angustias ou
Dolores.

Art cruel ! Chefs-d'œuvre qui poignardent !
On sent bien que pour ces maniaques il
n'y a plus de règles, qu'il n'y a qu'une loi
qui compte, la réalisation, le *fac-similé* total
de la chose exprimée ; pour cela, jamais
d'imitation assez complète, pas de modelés
assez souples, pas d'émail assez fin pour
donner l'illusion de la vie. Il faut le sérieux,
la conviction profonde, la tenue de ces âmes
singulières pour s'expliquer que de telles
œuvres conservent une si parfaite noblesse,
qu'elles gardent tant de style dans cette cul-
ture insensée de la sensation.

Si nous n'étions pas tous des rationalistes
plus ou moins desséchés, attaqués malgré
nous d'esprit moderne et protestant, cette
statuaire espagnole serait tenue pour un des
trésors de la pensée catholique. On se contente d'aller voir dans les rues de Séville les
processions de la semaine sainte, comme une
curiosité arriérée qui mérite l'intérêt condes-
cendant du philosophe ; on se divertit de ces

pasos, de ces mannequins habillés, portés sur des pavois par des confréries de pénitents de toutes les couleurs. Ce carnaval religieux fait partie des spectacles qu'on se doit d'avoir vus, comme une *flamenca* ou une *corrida*. Et le spectateur ne se doute pas que cette canaille andalouse voiture sur ses épaules, affublés de clinquant et d'oripeaux, des ouvrages immortels, quelques-uns des sanglots les plus bouleversants que l'homme ait tirés de son cœur.

Or, de ces merveilles de Séville, deux des plus belles sont de ce vagabond dont je parlais tout à l'heure, de cet aventurier de Torrigiani. C'est lui qui, avec un Français, le Bourguignon Juan de Juni, révéla à l'Espagne son génie national. C'est lui qui, le premier, détacha la statue des immenses retables, de l'enchevêtrement infini des « histoires », pour en faire un morceau, une pièce isolée, une passion et une rêverie dans l'ombre, sur un autel. Au lieu d'un sujet épisodique, d'un détail dans ces grands buissons inextricables, la figure devient un *extrait*, un thème émouvant, un objet ciselé pour lui-même ; c'est le stylet à fouiller le cœur, la dague ouvragée qui se fiche et qui reste par toutes ses barbes dans la chair. Le Saint Jérôme de Torrigiani est surtout une chose inouïe. Ce vigoureux athlète, ce fakir du désert avec sa carcasse indomptable, ses membres tressés comme des fouets sous la rugueuse écorce, sa physiologie puissante dans une architecture momifiée, cette tête sauvage qui darde à travers ses broussailles des regards de tendresse, cette figure ravinée, ce vieux tronc orageux où l'on sent la fougue inusée du polémiste et du mystique, toute une longue tempête de colère et d'amour — ah! l'étonnante apparition! Goya tenait cet écorché pour le premier morceau de sculpture du monde. Ainsi Torrigiani se trouve être le père d'une longue lignée, l'ancêtre d'un art pathétique.

Le geste de jeunesse de ce grand calomnié s'explique désormais à la lueur d'un chef-d'œuvre. Ce ne fut jamais le geste de l'envie, mais l'élan généreux d'un être irrité et qui vengeait ses dieux. C'est le geste d'un chouan dont on insulte la Madone.

Ce qu'il soutenait contre un rival, ivre des Anciens, c'était le vieil honneur de la famille chrétienne. Le moyen âge corrigeait la jeune Renaissance et lui rabattait son caquet. Qui ne l'excusera? Je ne touche pas à la gloire de Michel-Ange. Mais il arrive qu'on se lasse du joug de ce tyran ; ses œuvres gigantesques, ses marbres surhumains de la chapelle des Médicis laissent regretter parfois des choses d'une sensibilité plus humble et plus touchante. Devant ces abstractions grandioses, on se prend à songer aux vieux saints d'autrefois, à ces œuvres émues, très peu intellectuelles, à cette manière familière de représenter la vie, sans corrections et sans retouches, sans prétendre faire mieux qu'elle, de donner la plante avec sa verdure et toute sa fraîcheur. Devant ce despote de génie et surtout devant les œuvres de ses imitateurs, on est tenté de pleurer tant de naïveté perdue, de pleurer le désastre de la Renaissance.

Sans doute il n'y a pas, dans toute la série des chapelles d'Orta, une figure égale aux belles œuvres de la statuaire espagnole. Il leur manque la touche de native aristocratie, la distinction suprême des maîtres de là-bas, surtout leur exécution raffinée, le précieux de l'émail, l'art tout particulier des *encarnadores* chargés de représenter les chairs,

celui de l'*estofador* qui enlumine les vêtements et celui du doreur qui plaque sur
le tout des applications de métal. Auprès
de ces œuvres de grand luxe, les bonshommes d'Orta ont un peu l'air de parents
pauvres ; ce sont des figures faites à la diable
par de pauvres hères pressés que l'on payait
probablement assez mal, et qui d'ailleurs en
avaient tant à faire, de ces figures, qu'ils
n'en auraient jamais fini s'ils avaient dû
y mettre plus de temps.

La plupart sont tout bonnement des figures
en terre cuite, naturellement glacée par-
dessus d'un vernis, d'une mince « couverte »
de couleurs légèrement vitrifiées, à la façon
des poteries populaires, et comme est fait
aussi, d'ailleurs, le Saint Jérôme de Torrigiani. C'était expéditif et à très bon marché,
donc très bien adapté à ce qu'on voulait
faire. Il semble même, du reste, que cet art
de terre soit un art tout à fait national en
Italie, un art autochtone et infiniment vénérable, jamais interrompu depuis les plus
anciennes nécropoles étrusques.

Que cet art fût parfois très grand, nous le
savions par les tombeaux et nous savions
par les histoires qu'il y avait eu des maisons

et même des temples décorés de cette façon-
là, au temps de la Rome primitive, de la
Rome de brique que remplaça la ville de
marbre des empereurs. Mais nous ne pou-
vions guère nous faire une idée de ce genre
de très vieilles sculptures, quand voici que
tout récemment on exhumait de Véies un
grand morceau intact, le splendide Apollon
archaïque de la villa Giulia, qui venait subitement prêter une antiquité très reculée à cette
statuaire en terre, en faire la rivale des frontons de Delphes et d'Égine.

Dans ces conditions, les rôles s'interver-
tissent : le marbre n'est plus que le parvenu.
Ou plutôt on peut dire qu'il y a en sculpture
deux races, deux noblesses : une race de mar-
briers, héritiers des *marmorari* qui copiaient
pour les riches Romains les bronzes de
Lysippe et de Praxitèle ; c'est la race des Cos-
mates, de Nicolas de Pise et de Michel-Ange ;
parallèlement, il existe une seconde famille,
famille de modeleurs, de *plasticatori* plutôt
que de sculpteurs, race d'artisans indigènes,
plus difficile à suivre, plus éparse, plus étendue,
mais qui commence dans la nuit des temps avec
le grand Apollon et le Mercure étrusques et
se réveille à Florence avec les della Robbia.

Leur charme, à ceux-ci, c'est d'être une maison de paysans et que, née de la terre, elle demeure tout près de terre : ils conservent la paix, l'égalité des champs, quelque chose des laboureurs et des gens de la campagne. Au milieu de ces Florentins si inquiets, agités, toujours en quête et en travail, ils se tourmentent peu ; ils produisent sans fièvre leur œuvre imperturbable. Ils exploitent de père en fils leur gentille industrie comme on cultive un bien de famille. La trace de leurs doigts terreux se retrouve dans la marge de leurs livres de chevet, qui sont ordinairement des livres de piété. Le génie ne semble jamais plus aimable qu'ainsi, quand au lieu d'une violence, il n'est que la pousse droite et tranquille du terroir, jaillie naturellement du sol comme un bel arbre couronne les moissons. Tous les éléments de leur art, la glaise de leurs reliefs, l'émail de leurs figures, ils n'ont eu qu'à se baisser pour les ramasser à leurs pieds, et ces humbles matières leur suffisent pour dire tout ce qu'ils ont aimé, la beauté des saintes et des Madones et l'azur de leurs ciels.

Dans tout le Milanais surtout, dans beaucoup de villes de Lombardie, loin des cours illustres de la Renaissance, à Crémone, à Modène, on rencontre un grand nombre de ces œuvres de terre : des œuvres quelquefois très belles, des *Pietàs* et des *Mises au tombeau* analogues à nos « saints » de Solesmes, œuvres d'une franchise d'accent, d'une vérité qui étonnent dans cet art déjà refroidi, un peu glacé d'académisme. Le rayonnement des grandes écoles n'avait pas été jusque-là. L'art y demeurait plus sincère, étranger au bel air et aux conventions. Il ose des expressions vives, un réalisme tragique ou trivial qu'on eût écarté comme vulgaire dans le public distingué de Rome ou de Florence. Il ose ne pas être ennuyeux. Il y a, dans la *Mise au tombeau* de Modène, un fameux Nicodème à tête de citrouille qui est un personnage tout à fait réjouissant.

On se représente le sculpteur comme un homme armé d'un ciseau, en train de tailler le roc et d'en faire surgir des héros. Michel-Ange suit cette méthode et il lui en a coûté cher. La pierre rebute les assauts. Que de fois l'ébauche est demeurée en plan à cause d'un défaut de matière, que de fois la figure, en se développant, paraît à la gêne dans son bloc ! Que de fois un accident, une crevasse de la pierre, un coup de maillet malheureux, ont découragé l'artiste et fait abandonner l'ouvrage !

Le fait est qu'en dépit des phrases sur le sculpteur « qui fait trembler le marbre », la plupart des artistes ne font rien trembler du tout et laissent aux praticiens cette partie de la besogne. Il m'est arrivé bien rarement de voir Rodin le maillet à la main ; je l'ai vu mille fois manier de la terre. C'est devant la motte de glaise qu'il était à son affaire et que le magicien modelait des merveilles. Bourdelle se sert de l'ébauchoir bien plus souvent que du ciseau. Il y a cent ans, le jeune Delacroix rencontrait à la Comédie-Française un petit vieillard qui s'asseyait à l'orchestre sans mot dire : c'était Houdon, auquel les comédiens avaient accordé ses entrées en retour du présent de la statue de Voltaire. Le sculpteur de Washington et de Napoléon, alors presque en enfance, ne se réveillait par intervalles que pour tourmenter machinalement quelque chose dans son gousset : c'était une boulette de glaise.

La moitié des œuvres de Donatello, ses bustes incomparables sont des œuvres d'argile ; j'en dirais autant de ses bronzes, des pièces du fondeur, qui sont un peu parentes et produites, elles aussi, par des modèles de terre ou de cire. Et si l'on y songe, du reste, quand il s'agit de reproduire nos traits de pauvres êtres mortels, et non je ne sais quelle beauté pure qui n'est pas de ce monde, quoi de plus convenable que cette poussière dont nous sommes faits, cette terre maternelle où bientôt nous retournerons?

La terre est humble, elle est naïve, elle est rustique. Par là, elle est bonne chrétienne, nullement prétentieuse, point faiseuse d'embarras. C'est une paysanne qui se met peu en peine de ce que pensaient les beaux-esprits d'une ville nommée Athènes, au temps de Phidias et de Périclès. Elle ne sait que son village à l'ombre du clocher. Elle est familière. Elle ressemble. Elle ne coûte guère et ne s'en fait pas accroire. Un peu d'eau, quelques coups de pouce suffisent pour lui donner une forme, en faire quelque chose ou quelqu'un ; c'est assez d'un peu d'âme pour lui donner une âme. Et pour la perpétuer, au moins pendant l'espace de quelques générations, il ne faut que la flamme du foyer ou la chaleur du four qui sert à cuire le pain.

Cette terre quotidienne, ordinaire, commune, si bien faite pour des mains, des sensibilités rurales, a en elle-même des vertus, dégage une spiritualité : tendresse, bonhomie, bienveillance, une facilité ingénue, un génie d'amitié. Il est reposant d'avoir affaire à des œuvres qui ne sont pas des chefs-d'œuvre, qui ne se donnent pas d'importance et ne prétendent pas à l'immortalité.

On les croyait éteintes ces vertus, éclipsées dans le grand orgueil de la Renaissance. Elles vivaient pourtant à l'écart, çà et là, au fond des provinces et des consciences catholiques. Elles s'y conservaient un peu en dehors du monde, avec les mœurs particulières, les nuances originales, partout où les esprits n'avaient pas cédé aux illusions à la mode, à la vague du Progrès. Elles y nourrissaient des beautés singulières. La sculpture espagnole, celle des *Sacri Monti*, en France la sculpture de l'Angevin Pierre Biardeau, sont des fragments de moyen âge, des îlots de chrétienté miraculeusement préservés au milieu de la grande banalité moderne.

Voilà les réflexions qui me viennent à la débandade en redescendant la côte de la montagne d'Orta. Demain, à Varallo, je prendrai une idée plus complète. Allons !

Pour une première journée, je n'ai pas perdu mon temps. Je ne suis pas fâché d'avoir fait connaissance avec cette sculpture dédaignée, cette Cendrillon de l'Italie. A défaut de merveilles, j'ai trouvé là au moins une sensation neuve, un art populaire qui délasse (comme dit Nietzsche) de la niaiserie du Grand Art et de l'ennui des Musées.

CHAPITRE IV

JÉRUSALEM A VARALLO

Ce qui est célèbre à Varallo, c'est le couvent de Sainte-Marie-des-Grâces. C'est tout au bout de la petite ville, tout au bout d'un lacis de ruelles rappelant Berne ou Fribourg, mais qui sentent bon le parmesan et où le ciel, entre les toits, badigeonne un léger plafond de Tiepolo, c'est là-bas, passé l'église de Saint-Gaudenzio, bizarrement perchée en haut d'une dégringolade d'escalier en zigzag, là-bas, passé le théâtre et les rues pleines de monde, une place qui paraît subitement spacieuse et très italienne, cette fois, vaste de silence, de soleil et d'herbe qui pousse, avec un horizon circulaire de vaporeuses montagnes blondes...

Un monument sans apparence, qu'on pourrait aussi bien prendre pour une ferme, ayant cet humble aspect de grange, cette simplicité des églises de Mendiants, et à laquelle un petit portique courant sur le côté prête sa secrète musique de cloître.

Personne dans l'église. Rien que le demi-jour qui tombe des hautes fenêtres voilées de rouge, laissant dans l'ombre des chapelles un tas de recoins obscurs, et cette atmosphère pieuse, faite d'encens et de prière flottante, qui demeure dans le lieu saint quand l'office est fini. Nef sans colonnes, presque carrée ; et voici, du côté du chœur, une chose fort singulière, une grande muraille formant écran comme il y en a seulement dans les églises orthodoxes, avec une ouverture en bas pour permettre de suivre ce qui se passe à l'autel ; et sur cet écran, l'immense fresque qu'on vient voir de bien loin, les trois étages d'enluminures de Gaudenzio Ferrari, cette vie de Jésus en vingt-cinq compartiments, au milieu desquels s'érige un émouvant Calvaire, et qui est un des monuments de la vieille école milanaise. Un grand retable à l'allemande, cette fresque, ou plutôt un film, un étonnant film en couleurs plein de choses merveilleuses, qui serait projeté immobile depuis des siècles sur cet écran et qui semble n'attendre que la manivelle d'un opérateur invisible pour rompre le charme et tout à coup se mettre en mouvement.

En attendant le magicien, je tourne dans l'église, j'éveille dans l'ombre de vieilles fresques, je déchiffre des inscriptions. Mais là, dans un coin de la nef, qu'est ceci? Un petit autel de bois au tabernacle ouvert et, devant, une sorte d'enclos fait avec deux bancs de prie-Dieu pour des prières et des agenouillements; et justement une vieille, que je n'avais pas vue d'abord, est là qui marmotte son chapelet dans l'angle le plus obscur. Il y a par terre un drap noir, avec deux cierges brûlant dessus dans des chandeliers d'argent; un drap noir, qui est celui des messes d'enterrement, avec ses tibias et ses larmes d'argent, mais où sont disposées aussi toutes sortes d'autres menues choses, une échelle, une petite colonne, une lance et une éponge, toute une Passion en papier découpé, parmi de petits vases et des bouquets de fleurs, pareils à naïf parterre funéraire.

C'est le tombeau, on le comprend tout de suite, le tombeau du vendredi saint. Aujourd'hui, c'est le jour du grand deuil de l'Église, le jour où on ne consacre pas d'hosties, où

Jésus est absent de l'autel, déserte les tabernacles qui demeurent béants, la porte ouverte, leur petite flamme éteinte. J'ai bien choisi mon jour pour mon pèlerinage là-haut, au fameux calvaire de Varallo.

Mais elle ne pense guère à cela, la bonne vieille ; elle prie, elle prie de toute son âme, les yeux fixés sur ce drap étendu à terre, avec ses découpages enfantins et ses flambeaux d'argent, sur ce deuil arrangé d'une façon tout intime, comme cela serait chez elle dans une veillée funèbre, à cette heure plus triste encore où la flamme des cierges, le jour venu, cesse d'éclairer et marque seulement une chambre où il y a un mort. Elle prie toujours, la pauvrette, comme si elle pleurait une créature de son sang, et qui sait si ce n'est pas un fils dont ce même drap naguère recouvrait le cercueil? Et il semble, dans ce coin secret et cette prière solitaire, que ce soit une autre Mère, notre mère l'Église qui gémit doucement penchée sur ce tombeau, pleure son éternel veuvage.

Le Sacro Monte ou la Nouvelle Jérusalem de Varallo occupe un mamelon isolé qui domine de deux cents mètres la ville placée

en bas au confluent de la Sesia et de Mastallone. On monte par une route ombragée,
sous un bois aux feuillages bleus, rappelant
un peu les avenues de l'Alameda qui conduisent, à Grenade, sur la colline de l'Alhambra, mais où manquent la fraîcheur et
le bruit des eaux vives, ce ruissellement
de fontaines, charme toujours imprévu et
toujours délicieux du jardin arabe. Route
carrossable, soigneusement pavée en galets
ronds, pour empêcher de glisser les chevaux
et les mules, route majestueuse en pente
doucement inclinée, avec des lacets solennels pour le déploiement des processions
et des pèlerinages. De distance en distance,
on rencontre sur le bord d'élégantes logettes
où le visiteur]s'arrête un moment pour
souffler, sous un dais décoré de légères fantaisies dans le goût de Jean d'Udine. Tout
est ici plus vaste et plus imposant qu'à Orta,
avec des allures presque pompeuses sous
les grands pins bleuâtres, à travers la verdure desquels fuit à gauche le beau paysage
des Alpes de Dovesio et de Valmaggia.

Un mur moussu forme l'enceinte. Sont-ce
là tes remparts, ô sainte Jérusalem? Une
petite porte de côté est ouverte, et me

voici, comme hier, dans un grand parc plein
de magnifiques vieux arbres, d'yeuses, de
noyers, de hêtres, seulement plus étendu,
plus vallonné aussi, et où j'ai l'impression
d'être d'abord un peu dérouté. Là dedans,
comme hier, toujours les mêmes fabriques,
les mêmes bicoques blanches, chacune abri-
tant, on le devine, son petit guignol de terre
cuite, le tout égaillé sous bois sans ordre
tout de suite visible, un peu comme les cases
d'un jardin d'Acclimatation. Et, pour compléter l'illusion, voilà justement une grande
cage toute remplie d'animaux : des rochers
en imitation où voisinent cent bêtes sauvages, ours, reptiles, lézards, un lion dévorant un lièvre, une louve allaitant ses petits,
un porc, un ibis, une autruche, toute une
ménagerie, un déballage d'arche de Noé par
lequel l'auteur a voulu donner l'impression
du désert, au sein d'une nature représentée par des arbustes à feuilles de papier.
Au beau milieu de cette scène, un Notre-
Seigneur bellâtre est assis en perruque de
chanvre, aussi à l'aise qu'un *monsignor*
romain dans un salon, et repousse galam-
ment du geste un charlatan de village, un
Klingsor que son pied griffu dénonce pour

le diable, qui s'avance en lui présentant une pierre dans sa main. C'est la tentation du Christ. Et sur l'étoupe de la perruque de ce Jésus petit-maître, sur la barbe du diable astrologue, sur les animaux du désert et sur les arbres en papier, sur toute cette scène un peu risible se tamise à travers le grillage une lente et impitoyable poussière...

C'est ma faute : je suis entré par la petite porte, comme on risque, en ouvrant un roman au hasard, de tomber sur un mauvais chapitre. Tâchons de refaire l'épreuve en commençant cette fois par le commencement.

Le sentier dévale, toujours parmi les arbres et des fabriques, jusqu'à une sorte de cuvette encadrée de monuments formant place de ville d'eaux, où il y a même une auberge avec tout ce qu'il faut pour la réfection du voyageur et où, comme dans toute bourgade qui se respecte, se dressent deux grandes statues en bronze chocolat, représentant les notabilités de l'endroit. Ce sont les deux personnages dont le nom est attaché à la création du *Sacro Monte* : le promoteur, le P. Bernardino Caimi et l'artiste qui exécuta les vues du fondateur, le peintre Gaudenzio Ferrari.

Laissons ces bronzes malheureux, qui n'ont rien à nous dire. Il y a, dans un autre endroit, un objet plus capable d'exciter la rêverie. C'est, dans le mur, une niche grillée où grimace une tête de mort. Singulière rencontre dans ce domaine de l'imitation, que celle de ce compagnon macabre ! Cette tête qui, derrière son guichet, regarde du fond de ses orbites creuses, est-elle là pour le passant comme un *memento* de la tombe? Nous demande-t-elle, cette prisonnière, une prière pour les trépassés? Non, c'est seulement l'hôte, le patron de céans, pas très frais et un peu ranci, au bout de quatre siècles, mais toujours là pour recevoir, et qui promène encore sur son œuvre l'œil du maître ; c'est l'impresario de l'affaire, l'acteur, comme on parlait jadis (le prologue de l'acteur, disent les vieux incunables, qui nous montrent un personnage à lunettes penché sur son pupitre), c'est le crâne d'où a jailli toute la conception de ce *Sacro Monte*, et par conséquent toutes les copies qui en ont été faites, le crâne du Bienheureux Caimi.

Dommage que ce que nous savons de lui se réduise à une liste de faits aussi décharnés que son squelette. Dans une autre partie de la maison, une fresque contemporaine nous a conservé son portrait : une tête de bon père toute ronde, avec trois houppettes en couronne sur sa calvitie, et une mousse de savon autour de la figure comme dans une réclame de rasoir. Cette tête pourrait être celle du frère cuisinier. C'était un de ces hommes comme il s'en trouve dans les cloîtres, actifs, discrets, toujours par monts et par vaux, qu'on envoyait partout réformer les couvents, rétablir l'ordre et la discipline, une de ces têtes d'administrateurs qui rendent souvent plus de services que les sujets brillants et les fameux prédicateurs.

Deux fois, à quinze ans d'intervalle, il reçut la mission d'aller remettre sur pied les maisons de Palestine. La Terre Sainte, depuis saint François et son mémorable voyage, était demeurée le joyau de la famille franciscaine ; c'était le reste de la croisade, la dernière épave du grand naufrage. Là l'ordre franciscain avait l'honneur, qu'il a toujours, de monter la garde au Saint-Sépulcre. Il veillait sur Béthanie, sur Jéricho, sur Bethléem, sur ces sacrés vestiges perdus parmi les Infidèles. Mais ces trésors de la chrétienté, ces reliques de la vie et de la mort de Jésus, qui avaient orienté si longtemps les songes des foules pieuses, devenaient presque inaccessibles. Le zèle se refroidissait, les pèlerins se faisaient rares, le voyage chanceux sur les mers infestées de corsaires. La chute de Constantinople venait de creuser un abîme entre les deux moitiés du monde ; la porte qui, sur la Corne d'Or, faisait communiquer l'Orient et l'Occident, s'était fermée, hérissée de sabres comme une porte de prison.

Comme un homme ruiné, expulsé du bien paternel, la foi, coupée de son berceau, ne faisait que languir. Elle perdait tous les jours des forces, sevrée de ses racines, ses feuilles jaunissantes. Le Bienheureux songeait à cela tristement. Il voyait croître sur la terre la somme des iniquités, les grands oublieux de leur salut, et les petits privés de cet objet de désir, de ce levier d'amour qui naguère les soulevait au-dessus de leurs vies misérables. L'humanité avait perdu le royaume de Dieu, avait perdu son cœur. Ce cœur, il fallait le lui rendre, lui rendre le pouvoir de battre et de s'émouvoir, de s'attendrir encore aux souvenirs du jardin de son enfance.

Cette idée de rapprocher les lointains, le passé, de substituer aux objets trop impossibles à atteindre des copies d'accès plus facile, d'instituer des simulacres, des doubles, des dévotions de remplacement, auxquelles s'attachent les mêmes grâces qu'aux choses originales, de prêter à l'image le pouvoir du réel, est un des procédés essentiels du culte religieux, un des détours les plus humains que suivent, pour se satisfaire, la tendresse et la piété.

Jérusalem !... Faudra-t-il mourir sans avoir embrassé tes portes et vu se dresser devant mes yeux, au milieu des désolations de l'aride Judée, les murailles de la sainté Sion? Ne verrai-je pas sur ta colline les remparts des croisés, la porte franque du Saint-Sépulcre qui ressemble, sur son parvis étouffé, à celle d'une église de mon pays, le mur des Juifs et les blocs écrasés qui restent des fondements du Temple de Salomon? Sera-t-il refusé à mon âme de suivre sur tes dalles profanées les traces du Passant d'il y a deux mille ans, les pas du Revenant qui ne cesse de hanter les rues obscures de nos mémoires et qui a déposé ce qu'il reste encore de meilleur dans l'intime de nos cœurs, cité de Jésus, cité des larmes, Jérusalem?...

Mais pour tant d'entre nous, qui n'auront jamais ce bonheur, pour tant de fidèles trop chargés de fardeaux et de labeurs, que retient aux mêmes lieux la chaîne des soucis monotones, pour ceux à qui manque le courage ou la force du voyage et qui peuvent seulement rêver, pèlerins du désir, rêver vainement de liberté, sans avoir les ailes de la colombe, le loisir de vaquer à leur âme, oh ! il est bon que pour ceux-là il existe quelque part de feintes Jérusalems, des images, des portraits de la réalité, des miroirs de l'objet qu'ils ne verront jamais. Jusque là-bas, sous les neiges et les sapins polaires, sous la fourrure de givre du monde scandinave, c'est une chose touchante de voir l'âme chrétienne se créer le même mirage, se faire une Palestine, une illusoire Galilée, *Jérusalem en Dalécarlie.*

Déjà, depuis la ruine du grand rêve des croisades, il semblait voir les choses de Terre Sainte déserter une à une, suivre l'une après l'autre le chemin de l'Occident. Déjà elle avait pris son vol, émigré par-dessus les mers vers des côtes plus hospitalières, la petite maison de la Sainte Vierge à Nazareth, la *Santa Casa* de Lorette.

Tout le Milanais, le Piémont, le pays du Père Caimi, s'était signalé par son culte des reliques les plus émouvantes. On vénérait dans cette contrée plusieurs de ces Vierges noires dites Vierges de Saint Luc, rapportées d'Orient par Eusèbe, le vieil évêque de Novare.

On conserve à Monza les ampoules d'argent de Théodelinde, qui contenaient quelques parcelles de la poussière des Lieux saints, présents du patriarche de Jérusalem à cette reine des Lombards. A Turin, c'est une relique plus précieuse encore, le suaire où le corps du Christ fut enveloppé dans le sépulcre, et où son image s'est peinte en traces de sang et de sueurs. Tout ce pays était un grand voile de Véronique.

Partout allaient se multipliant les Chemins de la Croix, ces stations où l'âme chrétienne s'exerçait à refaire la douloureuse route, la route du Calvaire. Plus on perdait Jérusalem, plus Jérusalem à tire-d'aile semblait fuir, s'échapper de ces bords souillés par l'Infidèle. La vraie Jérusalem, elle n'était plus là-bas, ce n'était plus la ville captive, esclave dans la couche du vainqueur : la patrie de Jésus se retrouvait au sein de sa famille, partout où il y a une cloche et une paroisse chrétiennes.

Caimi rêva de faire mieux et plus grand. Ce qu'il conçut devait être une reproduction complète, une image de la Ville sainte à l'échelle du réel. Bien mieux : dans la Jérusalem réelle, ville vingt fois détruite, ruine de ruines, bouleversée sans cesse, la vie moderne s'élève sur un lit de décombres ; les restes d'une préfecture romaine, d'une bourgade juive, d'une cité féodale, d'un bazar musulman recouvrent par couches successives la vieille ville d'Hérode et de Jésus. A chaque pas, la voie sacrée que foulèrent les pieds du Rédempteur se perd comme un fleuve souterrain sous des bâtisses étrangères. Jérusalem n'est qu'un palimpseste gratté et regratté, sous lequel disparaît le texte de l'Évangile. Aux endroits mêmes où subsistent quelques traces originales, tout un entourage disparate vient contrarier la rêverie. Plâtras importuns ! Caimi les rejette. De cette gangue de turquerie, il extrait les points émouvants. Il restitue une Jérusalem idéale, une Jérusalem du cœur, réduite aux monuments essentiels comme sur ces vieux plans de Rome où ne figurent que le Panthéon, le Colisée, le château Saint-Ange, sans tenir compte des masures modernes qui ont envahi les débris de la ville des Césars.

Le choix du site occupa longtemps Caimi à son retour de Palestine. Il parcourut dans tous les sens les monts de Biella, ceux du Val d'Ossola et de la Valsesia. Enfin, il arriva à Varallo. La situation de la ville au pied d'une montagne isolée comme une tour, lui parut reproduire assez exactement celle de Jérusalem au pied de la colline de Sion. Les torrents de la Sesia et du Mastallone figuraient fort bien l'un, le Jourdain et l'autre, le Cédron. Est-il des lieux qui se ressemblent, des paysages sosies? Une vision révéla, dit-on, l'emplacement au voyageur; un oiseau, selon d'autres, l'y conduisit en chantant devant ses pas de branche en branche. Plusieurs jours avant le voyage, des pâtres, qui gardaient leurs troupeaux sur ce mont, entendirent toutes les nuits des concerts d'une musique surnaturelle.

Une merveille plus positive acheva de persuader Caimi. En creusant le sol de la plate-forme pour y jeter les fondations de la première chapelle, les ouvriers trouvèrent une pierre plate d'une forme singulière ; c'était — le bienheureux le reconnut aussitôt, — une pierre de tout point semblable à la pierre, *lapidem magnum*, qui fermait le tombeau de Jésus, ou du moins à celle qu'on montrait de son temps comme ayant servi à cet usage. La pierre de Varallo existe encore ; c'est une dalle de calcaire rouge en forme de trapèze irrégulier ; placée debout, elle est à peu près de la hauteur d'un homme et ressemble assez à un menhir grossier, soit qu'elle ait été taillée très anciennement de main d'homme, aux époques de la préhistoire, ou que cette bizarrerie soit un caprice de la nature. Le bienheureux ne douta plus : pour lui, cette pierre était un signe. C'était la signature de Dieu, le sceau de l'Éternel. Le bon Père recevait le blanc-seing du Tout-Puissant. Celui-ci prenait soin de se réserver cette montagne et de déclarer : « Ce lieu est sacré. »

Il est des lieux religieux, des sites inspirés, des vallées d'oracles où l'homme a toujours reconnu la présence de la divinité : Sinaïs ou Thabors, gorges de Delphes, chênes de Chartres ou de Dodone, cirques du Velay

où jaillissent les aiguilles et les coupoles du
Puy, grottes du mont Gargan ou du mont
Saint-Michel, vos sites, de tout temps, furent
habités par un dieu. Ils furent les premiers
autels où l'homme a entendu des voix et
des génies, les temples où, au milieu d'une
nature changeante, nos ancêtres reconnurent
le caractère de l'éternel.

A quels signes ces générations antiques
ont-elles discerné ces paysages souverains?
Comment se fixèrent là les religions et les
mystères? On a beau faire, Varallo ne
prendra jamais rang parmi ces hauts lieux
de l'humanité. Le caillou du Père Caimi est
incapable de donner le change. L'endroit
même, riant et plein d'aménité, manque des
gravités nécessaires à ces cadres que remplit
l'effroi de l'infini.

L'esprit qui règne sur ces collines n'est
pas celui des solitudes et des espaces où
parlent les dieux, mais une mémoire gracieuse, une légère ombre domestique, le souvenir d'une enfant dont l'Église a fait une
sainte, la jeune bergère Panesia.

C'était la fille de paysans de la Valsesia.
La mère morte, le père épousa une mauvaise
femme qui prit la petite en grippe, en fit

son souffre-douleurs, lui faisant garder les bêtes, couper le bois, la chargeant de tâches au-dessus de ses forces, d'autant qu'elle était délicate et passait beaucoup de temps en prières dans une chapelle voisine, où elle s'oubliait des heures à dire son rosaire.

Battue souvent par la cruelle, l'enfant n'en laissait rien paraître, brillait de joie et de charité ; ayant à peine de quoi pour elle, elle trouvait moyen de partager son pain avec de plus misérables. Pour la punir, la mégère voulait l'empêcher d'être sainte, tâchait de la mettre en colère, lui reprochait sa nourriture et ses habitudes pieuses, lui cachait son cher chapelet.

Panesia avait quinze ans. Un soir, à l'heure du retour, elle chargea le bois sur son âne, mais apercevant une pierre où elle avait coutume de s'agenouiller tous les jours, elle n'y tint plus et oublia la défense de la méchante femme ; elle avait le cœur gros, elle s'abîma en oraisons. L'âne rentra seul à l'étable. Furieuse, la belle-mère sortit, une pesante quenouille à la main et voyant l'enfant à genoux, l'en frappa à la tête jusqu'à ce qu'elle tombât évanouie. Alors elle lui enfonça deux fois le fuseau dans la gorge et l'y laissa planté.

En voyant revenir sa femme, le père comprit tout. Il vole vers sa fille, voit le fuseau debout qui brillait comme une torche. Il ne put remuer le cadavre. La merveille se répandit. Tout le peuple, le clergé vinrent vénérer l'enfant martyre. Deux chapelles se fondèrent en son honneur. Le jour de la translation, deux bœufs attelés au char qui portait le léger cercueil ne réussirent pas à tirer leur charge virginale, et il fallut les remplacer par une couple de génisses blanches.

Cette petite fille est bien la patronne, le Pénate puéril qui convient à l'œuvre imaginée par le pieux franciscain. Brin de lavande sous la pierre, comme la fleur qu'on place sous un oreiller funéraire, c'est pour toi et pour tes pareilles qu'existe la Jérusalem en simili sur la sainte montagne de Varallo.

Cette visite faite au fondateur, parcourons la Jérusalem du Père Caimi, la Jérusalem franciscaine, dont j'aperçois les cabanes groupées ou isolées dans des verdures de parc, éparpillant leurs taches blanches, leurs styles de fantaisie et leurs guignols sacrés.

Il est probable qu'au début les choses étaient beaucoup plus simples. L'idée première sans doute fut une espèce de Sépulcre, une *Mise au tombeau* comme il y en eut tant au moyen âge finissant, groupes de figures livides alignant dans l'ombre d'un enfeu, au-dessus d'un cadavre, leur rang de désespoirs. Autour de ce thème central vinrent s'agréger des idées et des scènes nouvelles, si bien que l'œuvre, sans cesse accrue et remaniée, retient peu de chose de son origine et que le bienheureux, s'il y revenait aujourd'hui, ne s'y reconnaîtrait plus.

Par exemple, la première chapelle, en quittant la *piazzetta* où vous accueillent les fondateurs, une très élégante chapelle à colonnes de marbre, en style de Palladio, vous présente, ô surprise! le couple de nos premiers parents et la scène du premier péché : Adam et Ève à Jérusalem! Ève est excessivement jolie d'ailleurs, peut-être un soupçon trop jolie, d'une grâce sucrée qui rappelle un peu trop les beautés de cire qu'on voit à certaines devantures, avec ses cheveux

dénoués en boucles blondes sur les épaules
et le geste minaudier qu'elle fait pour offrir
à son époux la pomme fatale. Et tout autour,
encore une ménagerie, encore des lions, des
ours, des écureuils, jusqu'à un rhinocéros,
tout cela poussiéreux, tout cela jouant pêle-
mêle parmi des rochers de carton dans une
confiance de Paradis terrestre.

Tout de même, en fait de reconstitution
historique, c'est un peu fort, cet Éden sur
la colline de Sion... Mais vous avez remarqué
qu'au pied des crucifix on voit souvent une
tête de mort. Par un audacieux raccourci,
les vieux maîtres chrétiens imaginaient que
Jésus avait été crucifié sur la sépulture
même d'Adam, et qu'ainsi le salut des
hommes s'était accompli à l'endroit où gisait
le père coupable de la famille humaine ; ils
voulaient même que la croix eût été faite
d'une poutre prise dans le tronc de l'Arbre
de Science. Ainsi le salut s'implantait, se
greffait exactement sur le péché. Dans cette
vue, le péché d'Adam est bien la préface
nécessaire de la vie de Jésus ; c'est la clef
de tout, et cette clef de la vie et de la mort
se trouvait sur le Calvaire, dans le tombeau de notre premier père, dans cette Jéru-

salem qui contenait ainsi tout le drame et l'énigme de notre destinée.

Et cela continuait jusqu'à la consommation des siècles, jusqu'à la scène finale du Jugement dernier, qui se passera, on le sait, au pied des murs de Jérusalem, dans la vallée de Josaphat, et qui était représentée ici dans une rotonde spéciale, par une espèce de cuve, un cul de basse-fosse où le spectateur plongeait d'en haut par une lanterne, et apercevait en bas dés séries de chaudrons concentriques, toute une cuisine infernale où grouillaient les damnés.

Entre ces deux scènes, prologue et épilogue de l'histoire, qu'une idée grandiose de l'unité de lieu situait dans l'étroite enceinte de Jérusalem, comme si cette colline était le pivot du monde, se développait la seule histoire qui résume toutes les autres, l'histoire de Jésus, l'histoire de la vie.

Et alors, entre ce point de départ et ce point d'arrivée, premier et dernier mot de tout, les petits kiosques, les maisonnettes, le capricieux ruban de *chiesette* et de *chiesettine*, dans son apparente fantaisie et son désordre de parc anglais, tout ce singulier hameau de Trianon moral, avec ses épisodes secrets, ses échoppes, ses boutiques de bonshommes en terre cuite, prend un peu l'aspect d'un labyrinthe, l'aspect d'un jeu de l'oie où le promeneur, de station en station, allant, revenant sur ses pas, court de case en case, tombe dans le « puits » ou la « prison », avance, recule et refait ainsi, entre le ciel et la terre, le voyage de l'existence, la grande aventure du salut.

Et, en même temps, cette métaphysique se trouve exposée sous les formes d'un réalisme intransigeant, avec l'esprit le plus concret, un matérialisme intrépide, par ces mélanges d'arts, ces figures peintes, ces tableaux vivants, ces mannequins, ces amalgames de fresques et de sculptures qui me surprenaient hier dans les chapelles d'Orta.

Charmantes, je le répète, du reste, ces figures du premier couple humain. Au milieu du bestiaire naïf qui les entoure, dans cette bergerie d'ours, de buffles, d'oiseaux, de quadrupèdes, l'artiste a cherché à faire deux créatures royales qui, vêtues seulement de grâce et de lumière, sans autre attribut que la beauté, font connaître au premier regard le chef-d'œuvre de la nature. Ah! on ne prévoyait pas Darwin! Ève sort nue et par-

faite des mains du Créateur, comme la fille
de Dieu à sa première aurore. C'est la tige
à la fois longue et pleine, le galbe de la jeunesse ensemble mûre et adolescente, ce sont
les formes de Titien, ses carnations blondes,
la petite tête, le port superbe, l'équilibre de
l'attitude doucement contrastée, un côté du
corps tombant d'aplomb par une seule droite
majestueuse, l'autre tout en rondeurs, en
inflexions coulantes, en luxe de courbes féminines.

Je sais bien qu'aujourd'hui nous avons
changé tout cela. L'art moderne est brouillé
avec l'imitation. Styliser, déformer, voilà
leur refrain, à Montrouge. Même les mannequins de carton, chargés de représenter la
mode aux vitrines de la couture, ont perdu
tout à coup leurs roses et leurs lis. A leur
place parut un peuple d'argent et d'ori-
chalque, des Martiennes auxquelles une ca-
lotte de vernis d'auto plaquait des accroche-
cœurs et d'équivoques cheveux de garçon.

Évidemment, il y a des heures où l'écœure-
ment du terre-à-terre, la nausée de l'art facile
et des têtes de coiffeurs font prendre la nature
en dégoût. On a déjà connu des périodes ico-
noclastes où l'esprit, fatigué des systèmes de

représentations trop usés, se contente de
signes de plus en plus elliptiques et arbi-
traires des choses, où la rage du sophisme
conduit à la destruction du langage.

Mais quoi qu'en pensent nos jeunes sec-
taires, le vénérable Caimi avait des raisons
excellentes de ne pas penser comme eux. Ce
saint homme devait peu se fier à la vertu
des mots. Pour enfoncer des idées dans des
âmes sujettes aux impressions des sens, il
jugeait que ce n'était pas trop de donner
au monde moral le caractère le plus sail-
lant de relief et de réalité. Il s'agissait de
venir au secours de l'Évangile pâlissant, au
secours d'une mémoire mourante, de Jésus
disparu depuis quinze cents ans et dont le
souvenir allait s'effaçant de la terre ; il
s'agissait de donner à cette image à demi
éteinte la force de lutter avec le monde des
corps, d'injecter ce débile fantôme.

C'était là l'idée fixe de trente générations
de visionnaires et de mystiques ; depuis plus
de mille ans, l'Église vivait de l'ombre d'un
songe, de la gageure sublime de prolonger
un souvenir, de ranimer ce qui n'avait eu
qu'un moment d'existence, là-bas, dans un
coin misérable de la pierreuse Judée. C'est

là ce qui avait guidé, mobilisé au delà des mers des siècles de pèlerins. C'était cela qui, au fond des cellules et des cloîtres, dans les grottes de l'Alverne et de Manrèse, absorbait les facultés de ces puissants contemplateurs, la rêverie opiniâtre des Hildegarde et des Gertrude, des saint François d'Assise et des saint Ignace de Loyola.

Mais ce qui demeurait un art du cloître et de l'oratoire, le Père Caimi se propose d'en faire une réalité saisissable pour le plus inculte et le plus ignorant. Comme composition de lieu, comme application des sens, comme pouvoir d'hallucination et de résurrection, impossible d'aller plus loin : jamais on n'a conçu une entreprise plus hardie en vue d'assaillir à la fois toute la machine humaine.

En bon élève de ces psychologues réalistes, le Père Caimi imagine ce sermon en images, cette ville sainte des montagnes, cette Jérusalem dans les airs, posée comme sur un plateau apporté par les anges, combinant à la fois le paysage et l'art, ajoutant aux impressions du dépaysement réel celles d'un pèlerinage et d'une terre sainte imaginaires, d'une retraite dans des chapelles, d'un voyage en dehors du temps ; et là, dans

ces sanctuaires étranges, des représentations éternelles, toute une multitude d'acteurs fixés dans des rôles muets, tout le vieux
drame de la vie de Jésus reproduit par des
personnages égaux au spectateur, qui vous
submergent et vous subjuguent par une sensation soudaine, comme si brusquement, au
détour d'une rue, on se trouvait de plain-
pied, face à face avec l'Évangile.

Il y a quelques années, les ouvriers de
Reims qui exécutaient des fouilles dans les
ruines de Saint-Remy firent une découverte
remarquable, celle d'une tête peinte du
douzième siècle, qui représentait Dagobert,
fondateur de cette abbaye. Le 21 janvier 1793,
pendant que la Convention guillotinait
Louis XVI à Paris, les patriotes rémois
voulurent aussi avoir leur exécution et guil-
lotinèrent Dagobert. Le chef du monarque
fut enfoui solennellement dans une tranchée.
C'est là que les ouvriers la trouvèrent en 1919.
Les couleurs étaient encore fraîches. Le premier qui l'aperçut recula de surprise et d'effroi : il crut qu'il venait de mettre au jour
une tête coupée.

Au lieu d'une tête et d'un fragment, imaginez une foule, une ville de sculptures

peintes, une ville avec ses monuments, son peuple de figures auxquelles il ne manque que le mouvement, comme dans quelque cité enchantée où le promeneur, seul de son espèce au milieu d'un monde fictif, finisse par douter de sa propre réalité, une ville de l'illusion, du truc, de l'artifice, mais de l'artifice poussé aux dernières limites du trompe-l'œil et de l'imitation, un musée Grévin étendu à l'échelle d'une bourgade réelle, où tout est calculé pour écarter les impressions antagonistes, et où d'ailleurs, au lieu de vulgaires faits divers, il s'agit de représenter le plus grand drame du monde.

Et alors, quelles que soient nos préférences modernes, force est bien d'admirer l'audacieux bonhomme qui n'a pas craint d'entreprendre cette création sans exemple, de produire du surnaturel par les voies d'un naturalisme absolu, d'imposer l'Évangile comme une scène contemporaine et de faire concurrence à la réalité.

Du reste, un système n'est qu'un système, et le projet du fondateur n'aurait peut-être pas mérité qu'on en parlât, s'il ne s'était trouvé un artiste de génie pour exécuter son programme.

C'était un enfant de la contrée, né non loin d'ici, à Valduggia, où ses parents avaient de la terre, dans le même temps que Raphaël naissait dans les montagnes d'Urbin. Il se maria dans le pays dont il ne s'éloigna guère. Varallo, où il habitait, et les villes de la plaine voisine, Novare, Verceil, Saronno, conservent encore aujourd'hui la plupart de ses ouvrages : c'est le charme de l'Italie que ces familles de maîtres provinciaux, dont les pensées demeurent attachées aux églises de leur patrie, et dont la gloire ne s'est jamais prostituée aux louanges vulgaires dans la promiscuité des galeries et des musées. Chacune de leurs œuvres garde sa valeur pleine d'action et de prière. Elles vivent encore de tout l'amour des générations de fidèles qu'elles ont aidés tour à tour à se figurer le divin.

Ce fut d'ailleurs un très grand maître que ce Gaudenzio Ferrari, un homme de pensée, philosophe, mathématicien, dit son élève Lomazzo qui, dans son *Temple de la peinture,* le range dans la constellation suprême, parmi les sept qui ont illustré le ciel de l'Italie. Le peintre de la *Vie du Christ* de Sainte-Marie-des-Grâces, l'auteur de la sublime coupole de Saronno est assurément un des peintres les plus puissants de la Renaissance. Il y a dans ces œuvres magnifiques un accent abrupt et rocheux, une fougue de tendresse et de violence qui touche à la grimace et qui est encore toute proche des vieux retables gothiques. Le Nord et le Midi s'épousent dans ces ouvrages riches en contrastes, comme l'ombre et la lumière, l'Allemagne et l'Italie s'embrassent sur ce versant des Alpes, se précipitent dans les torrents, les dragons bleus et verts que roulent les glaciers. On admire dans ces peintures, comme dans celles de Foppa et de Borgognone, ce qu'était dans sa sève et sa verdeur originales ce vigoureux génie lombard, avant qu'il eût touché au fruit de l'Arbre de Science, écouté pour sa perte le corrupteur florentin, bu le délicieux poison, les sourires de Léonard.

Ce qui frappe, dans ces morceaux de l'école autochtone, antérieurs aux ravages qu'y produisit le philtre du Vinci, c'est, avec une âpreté de dessin rappelant la gravure sur bois, une beauté de coloris, un éclat de palette que ne dépassent pas les maîtres de

Vérone : gamme tour à tour tendre et gaie, ou orageuse et dramatique, qui fait voir ici les chefs-d'œuvre de l'expression à la Delacroix, l'expression par la tonalité. Laissée à elle-même, cette fière école lombarde allait être une rivale heureuse de Venise. Une fois encore, le premier effet de l'action de Florence aura été un effet décolorant : l'acide de l'intelligence a détruit, désorganisé une sensibilité charmante.

Comme beaucoup de ses contemporains, dans cette époque féconde, ce Gaudenzio est un homme vaste, un sculpteur aussi bien qu'un fresquiste et qu'un peintre. On a de lui des retables qu'il a décorés de panneaux peints et de scènes en bas-relief. Greco faisait de même dans ses retables de Tolède, et on reconnaît bien dans sa peinture, dans le sillon luisant que trace la draperie de ses apôtres, l'arête vive et le fil de la sculpture en bois. Mais Gaudenzio se sert habituellement de la terre. C'était un modeleur, un *plasticatore* comme il en est beaucoup dans cette partie de l'Italie, comme ce Mazzoni et ce Begarelli qu'on admire à Crémone. Corrège lui-même ne dédaigna pas de manier l'argile. Beaucoup de peintres ont coutume d'étudier leurs effets au moyen de modèles en terre ; c'était la méthode de Poussin, sans doute celle de Corrège. Daumier souvent procède de même, et ses robustes figurines font assez connaître dans ses tableaux de la peinture de sculpteur.

Le grand événement de la vie de Gaudenzio, c'est la circonstance inconnue qui le mit en rapports, à trente ou trente-deux ans, avec les franciscains de Sainte-Marie-des Grâces. Sa femme était de Varallo, peut-être qu'il n'en fallut pas davantage. L'artiste était d'ailleurs un homme doux et craignant Dieu, ennemi des disputes, détaché de l'argent. Il souffrait patiemment les observations, et un jour qu'emporté par son génie il avait fait un tableau double de celui qui lui était commandé, il n'hésita pas, sur la réprimande du client, à en sacrifier la moitié. Jamais on ne le vit peindre un sujet profane, jamais une nudité ; jamais il ne fit un portrait, hormis dans les conditions spéciales des tableaux de donateurs. Il refusait de donner à la Vierge, selon la mode de son temps, des habits de princesse, des broderies et des bijoux qu'elle n'a jamais portés. Jamais il ne rechercha le service des cours, jamais il ne s'inquiéta de la protection des riches et des mécènes. Toute sa vie se passe à l'ombre des églises, au service des moines et des prêtres et sans autre maître que Dieu.

De cette vie, plus de trente ans s'écoulèrent à Varallo, d'abord à Sainte-Marie-des-Grâces, et puis, comme au sommet d'un autre échafaudage, là-haut, dans les chapelles diverses du Sacro-Monte. Parfois, on le fait redescendre ; une commande l'appelle dans la plaine. Il se met en route et exécute quelques œuvres admirables à Côme, à Canobbio, à Novare, à Verceil. Mais bien vite il se hâte de regagner son perchoir, son chantier dans le ciel, le mystique donjon où l'attendent ses fours, son atelier, son peuple de bonshommes d'argile. La foule de Jérusalem lui demande des jambes et des bras. Avec ses élèves, Lanino, le faible Della Cerva, il dessine, il compose, il invente, il modèle, il peint et met sur pied une œuvre extraordinaire.

En bas, dans la vallée du Pô, s'étend la riche campagne, proie éternelle offerte aux convoitises et aux conquêtes : c'est le va-et-vient des armées, le flux et le reflux des Français et des Impériaux ; c'est La Tré-

moïlle, c'est Bayard, Gascons et lansquenets,
les lourds chevaux des reîtres et les terribles
hallebardes suisses, les piques et les cornes
de la vache d'Uri, et le tragique arroi des
bombardes, les roues cerclées de fer de l'ar-
tillerie française ; c'est Milan prise et re-
prise, c'est Marignan et c'est Pavie, vic-
toires et revers, chocs et fracas de batail-
lons, journées sanglantes, instants qui dé-
cident la fortune, coups de tonnerre et coups
de dés. Cependant, là-haut, imperturbable,
sans souci du destin des royaumes et des
empires, le peintre se faisait contemporain
du Christ, bâtissait la cité de Dieu.

Il ne s'interrompt pas davantage quand
d'autres catastrophes consternent l'Italie,
livrent Rome et Florence au pillage, et que
soufflent en Allemagne les premières tempêtes de Luther. L'un après l'autre tous ses
grands contemporains, Giorgione, Bellini,
Léonard, Raphaël, Corrège meurent ; seul,
là-bas, Michel-Ange vieillit dans la désolation
de Rome, tandis que se lève dans Venise
l'astre de Titien. Gaudenzio sur sa sainte
montagne ne laisse pas de poursuivre son
œuvre plastique et pittoresque, travaillant
pour la gloire de Dieu, du pouce et du pin-

ceau, maniant la terre et les couleurs, combinant les deux arts, le double vocabulaire et créant son chef-d'œuvre de la chapelle des Rois Mages. Proche ou lointain, pendant tout son labeur, ce travailleur paisible n'a pas cessé d'entendre le canon. Et lorsque, comblé d'œuvres et de jours, le vieillard septuagénaire abandonne sa tâche et s'en va mourir à Milan, il laisse la formule d'une représentation nouvelle de la vie, d'une sorte d'art total où entrent tous les arts, un foyer qui ne s'éteindra plus.

Mais je m'attarde à ces histoires. Vite, laissons là ces questions de la genèse de l'ouvrage. Faisons comme les bonnes gens qui n'en demandent pas si long, promenons-nous dans le gentil dédale, dans le jeu de l'oie des pavillons du Père Caimi ; penchons-nous comme dans les foires à l'œil-de-bœuf de ce chapelet de bicoques, visitons les boutiques de ce bazar de songes...

Première boutique ; l'Annonciation. Une chambrette cubique comme une cellule de nonne, sur les mesures exactes de la Sainte Case de Lorette. N'oublions pas que la Vierge est la première des religieuses : elle

en a le costume, le voile sur la tête, le grand
voile encadrant l'amande du visage et re-
tombant en chape très chaste sur les épaules.
L'ange Gabriel est un jouvenceau en longue
robe à ramages d'or, avec des ailes de papier
doré et une méchante auréole de deux sous,
posée sur le crâne comme une assiette ; une
ceinture d'enfant de chœur lui donne l'air
mal ficelé. Du reste, on ne sait comment
est entré ce visiteur surnaturel : point de
porte, il faut qu'il se soit coulé à travers la
muraille. La Vierge s'est retirée au fond de
la pièce, soudain très pâle, les yeux baissés,
les lèvres tremblantes, interdite, les mains
croisées sur la poitrine. La scène se joue
debout. Pour tout accessoire, un prie-Dieu,
le prie-Dieu monumental qu'on voit sur les
tombeaux de princesses en prière, avec son
accoudoir fait d'un coussin recouvert d'une
housse de guipure, le prie-Dieu d'où la pauvrette vient de se relever toute peureuse et
effarouchée à l'apparition du prodige. Ni
lit, ni cheminée, ni bancs, ni table, ni rouet,
ni vase de fleurs, aucun de ces mille détails
qui donnent tant de charme aux tableaux
du maître de Mérode. La scène avec son
vérisme gênant de terre cuite peinte, est

aussi purement théologique qu'elle l'est dans
un vitrail de Chartres. Il n'y a que deux
personnages. Mais dans ces niches, sur les
murs, qu'est-ce que c'est que ces vieillards à
longues barbes blanches, ce Sénat, ces témoins qui apparaissent là, peints comme
une grave rangée de spectres, leurs têtes son-
geuses entourées de rubans où se lisent des
paroles? Ce sont les fantômes des prophètes,
les neigeuses figures des siècles de l'attente,
les Ezéchiels, les Isaïes, colonnes du passé,
murmurant les mots mystérieux : *Ecce Virgo
concipiet... Arbor ex radice Jessé...* et qui
assistent sans étonnement, comme des pré-
sences éternelles, un peu voilés seulement de
la brume des âges, à la merveille désirée, à
l'événement prodigieux qui se passe là si
simplement entre ces deux figures, dans une
chambrette de jeune fille.

Les voici encore, les prophètes, dans la
seconde boutique, celle où se voit la scène
de la Visitation. Cette fois, l'artiste a logé
sainte Élisabeth dans le vestibule d'une villa
Renaissance décorée de coquets pilastres
cannelés, avec des panneaux à rinceaux
jouant le cuir de Cordoue; une jolie voûte
à nervures couvre la salle comme une om-

brelle. Cinq grandes figures occupent la
scène : les saintes femmes qui s'embrassent,
encombrées de leur voiture traditionnelle et
surdorée ; derrière, les deux maris, un saint
Joseph un peu risible en costume de pèlerin,
serrant gauchement sur son ventre son grand
chapeau de paysan, et un Zacharie remuant
et hétéroclite, surchargé de taliss et de houppelandes exagérés, portant sur la poitrine
les petites boîtes qui contiennent les textes
talmudiques, étonnante caricature de rabbin.
Une jolie suivante, vêtue en Italienne de
Léopold Robert, fait de loin à la Madone
enceinte le court plongeon qu'on fait devant
le Saint-Sacrement. Dans les lunettes au-
dessous des voûtes, un conclave de prophètes
apparus à mi-corps développe ses oracles.
Toujours ce moyen âge si curieusement marié
à cette Renaissance et à ce modernisme...

Mais la scène suivante, pour le coup, voilà
une chose inattendue ! Cela se passe encore
dans une pièce démeublée qui représente une
chambre du petit ménage de Nazareth. La
scène est le songe de Joseph, qu'un ange
vient rassurer sur la maternité prochaine de
Marie, et instruire du fruit divin qu'elle
porte dans son sein. « Joseph, fils de David,

ne crains point... » Le beau messager, tout brillant d'une iris bariolée d'écharpes, tout lamé d'un splendide plumage, du souffle dans ses ailes puissantes, déclame sa leçon en attestant le ciel. Joseph dort. Il faut bien l'avouer, en dépit de son auréole, le bon saint Joseph dans l'art ancien est plutôt un personnage comique. Ici, affalé sur sa chaise, la tête renversée et dodelinant en arrière comme un homme à qui on fait la barbe, lès genoux écartés, un pouce dans la ceinture, il a bien un peu l'air d'un magot, à vrai dire, mais il *pionce* de si bon cœur, il « roupille » d'un sommeil si peuple et si profond, qu'on l'entend ronfler en mesure et qu'on admire que le soupçon ait pu faire un jaloux d'un rustre si débonnaire. Mais pendant que cette scène se joue au premier plan, la pauvre Marie, bien honteuse, s'est assise sur une chaise basse tout au fond de la pièce, comme en pénitence, le nez penché sur son ouvrage. Pour une fois, l'artiste n'a même pas songé à la faire jolie. Humble, la tête baissée sous sa guimpe de béguine, les genoux serrés sous son coussin de dentellière, sans comprendre de quoi on la soupçonne, sans voir l'ange qui la justifie, l'innocente pousse son aiguille dans l'ourlet, résignée comme une paysanne, sa corbeille de laines à ses pieds, statue de la patience et de l'acceptation, Notre-Dame de la couture.

Et, tout de suite, me voilà transporté par la pensée bien loin d'ici, devant les merveilleuses scènes qui ornent le pourtour du chœur de Notre-Dame de Chartres. Je revois la petite Sainte Vierge de ce délicieux Jean Soulas. Ah! l'adorable bonne femme avec son bonnet rond à toutes menues coques encadrant son placide visage, sa belle jupe de bureau, son gros ventre qui fait glisser le livre d'heures sur ses genoux, son aumônière, son trousseau de clefs pendu à la ceinture, ses insignes de ménagère. Comme elle s'applique, la petite, avec son vague sourire de très jeune future maman, comme elle coud bien, comme elle tire le fil avec ce ravissant geste tournant du poignet et ces mains qui, dans leur travail, pour manier la layette, vous ont des mouvements et des grâces d'oiseaux! Chère petite Beauceronne, dans ta naïve dignité toute fraîche de nouvelle matrone, tu parais plus cossue que ta sœur italienne. On sent qu'il y a plus d'armoires, plus de piles de linge dans le petit royaume dont tu es reine, et sans doute aussi à la cave plus de bon vin pour le dîner de ton bonhomme d'époux. Comme te voilà gentille ! Quel modèle aimable tu proposes des silences et de la quiétude domestiques ! Que ce pot-au-feu est charmant ! On songe aux générations de petites chrétiennes que tu as élevées comme une bonne couveuse dans le culte des arts sédentaires et des adresses de l'aiguille, avant les demoiselles de maintenant qui toutes tapotent le piano, mais qui ne chantent plus les rondes que tu savais.

Et l'on dira encore que le génie latin n'est que rhétorique pompeuse et système de lieux communs. Rappelez-vous Michelet et Taine et tous leurs bavardages sur la poésie des races du Nord et le génie protestant : on dirait, à les écouter, qu'il a fallu attendre Luther pour connaître l'intimité, qu'avant lui on ne savait pas ce que c'est que la tendresse humaine et la poésie du foyer.

Ce serait plaisir, au contraire, de montrer dans l'art italien tout ce qui témoigne de l'intimité, de la sympathie pour le détail de la vie familière ; et, naturellement, cette bienveillance se développe surtout sur les thèmes religieux, qui prêtent le nimbe et la grâce aux choses du ménage. Jamais cet ordre de sujets tendres n'a été plus en faveur qu'à ces époques du *seicento* et du *settecento*, si injustement décriées. A peu de distance d'ici, au *Sacro-Monte* d'Oropa, il y a une vie de la Vierge où l'on voit la jeune fille occupée à broder parmi un essaim de couturières et de fileuses du Temple, tout un atelier de « cousettes » qui doit ressembler beaucoup aux fameuses *Hilanderas* de Velasquez. Le Guide a traité le même sujet dans un tableau de l'Ermitage. Tout ce qui est devenu ailleurs le « genre » a commencé par être de l'art religieux ; c'est la religion qui a rendu la vie digne d'être peinte, et il n'est pas sûr que l'art ait gagné depuis à se passer de cette auréole.

Sans doute, ces motifs intimes sont souvent un peu étouffés dans l'art italien, passent inaperçus, nullement sacrifiés, comme on le croit, à la théologie, mais à la vanité, à l'art aristocratique et mondain. Ce sont les mythologies, les Parnasses, les dieux, les Olympes, les apothéoses, qui souvent détournent les artistes de ces humbles sujets.

La foi se conservait plus pure dans ces montagnes, avec la vieille tendresse chrétienne.
Elle fleurit à l'abri de ces douces vallées,
autour des lacs, dans cette Jérusalem franciscaine. Sans l'Église, sans ce qui reste diffus
dans nos âmes du parfum du moyen âge,
sans les traces qui demeurent en nous de ce
baptême, l'art moderne se serait consumé
en redites pitoyables, en répétitions des antiques des musées ; il aurait perdu le meilleur de son humanité.

Plus loin, en quittant cette chapelle du
Songe de Joseph, une drôle de bâtisse tru-
quée, avec soupiraux, escaliers en limaçon et
couloirs à surprises, une maison-kaléidos-
cope avec des grottes, des étages, des coudes
qui témoignent d'une entente supérieure de
l'effet (on ne fait pas mieux dans les foires
les plus modernes), nous montre un agrégat,
un polypier de cinq ou six scènes.

Et, brusquement, à un détour de cette
bâtisse compliquée, après les petites scènes
souterraines et clignotantes de la *Nativité*
et de l'*Adoration des bergers*, représentées
telles qu'on les voit aux crèches de nos
églises, dans le mystère des sombres cha-

pelles, voici du jour à flots, des scènes à grand spectacle, de la pompe, des contrastes, du mouvement, du bruit.

Oh ! ce cortège des rois Mages, et ce prodigieux *Massacre des Innocents!* De toute évidence, ce sont les *clous*, les grandes attractions populaires, les sujets de brouhaha et d'admiration, des scènes tout à coup immenses, des déploiements de foules, des irruptions de trente, de cinquante personnages envahissant le plateau de leurs masses volumineuses, que prolonge encore sur les murs une multitude peinte, avec des agrandissements, des répercussions d'échos. Après les scènes intimes, les duos en sourdine des premières chapelles, cela produit soudain une dilatation, une multiplication des effets, un vrai coup de théâtre.

Je sais bien ce qu'on dira, et que cela excède les limites de l'art tel que nous l'entendons, du moins de notre art appauvri, réduit par le malheur des temps aux expériences d'atelier et aux études de laboratoire. Ce mélange d'idiomes, cette fusion de deux ordres de représentations, fera horreur aux gens de goût. Le cubisme a risqué des essais de ce genre : parfois le peintre, dans un portrait, dans une figure tout abstraite, s'est permis d'introduire un fragment de réalité, un faux col, un tesson de pipe, un papier de journal collés bruts sur la toile comme un rappel de la nature au milieu des rêves de l'esprit ou comme le motif matériel qui servait de prétexte à la construction idéale. Seulement, le cubiste essayait la chose en petit, sur des données insignifiantes. Ces gens du seizième siècle ont une autre encolure.

Du simple point de vue de l'art, les deux grandes chapelles de Gaudenzio Ferrari, celle de l'*Adoration des Mages* surtout, sont des œuvres de premier ordre. Le choix de l'instant est parfait. Les princes d'Orient mettent pied à terre ; c'est le moment où leur long voyage se termine, où le cortège fait halte sur le signe d'une étoile. Cette ligne de cavalerie qui s'arrête sur un seul front, fermant la scène d'un mur massif et hennissant, les brillants personnages qui s'avancent à pied en portant leurs cassettes, en costumes étranges de rois et de prophètes ; derrière, les serviteurs à la tête des chevaux, les culottes parthes, le vestiaire exotique, un nègre jaune et noir dans une

« combinaison » à bandes transversales, comme un gros bourdon un peu clownesque, un page moricaud qui se précipite à gauche et rattache quelque chose à la cnémide de Balthazar, Nubien rêveur à tête de Ménélik ; tout cela en suspens, exprimant à la fois le faste, la majesté et la crainte, la seconde de vénération au seuil d'un prodige invisible. Puis, à perte de vue, en arrière de ces personnages, le reste du cortège s'esquisse en fresque sur les murs, dans une houle de têtes, de bonnets, de turbans, dans un pêle-mêle de cavalcade qui serre curieusement les rangs, où l'on reconnaît l'Afrique, l'Europe, le Caucase, le burnous blanc de l'Arabe, le voile noir du Berbère, le panache du reître et le flamboiement écarlate d'un magnifique Barberousse sous le vaste chapeau en pétale de coquelicot, le tout dans une gamme joyeuse, une fanfare de colorations, un luxe à tenir le coup auprès de Véronèse.

Mais quelques pas plus loin, après ce bel exemple de composition statique, voici au contraire, dans la scène du *Massacre des Innocents*, le type des compositions en rafale, de ces ouragans de sculpture qui me surprenaient hier dans quelques chapelles d'Orta. Cette scène est des frères d'Enrico, artistes du pays qui sont la grande révélation de Varallo. Cette fois, on sent bien qu'on a changé d'époque et que Jean de Bologne vient de passer par là, ce maître puissant qui a déchaîné dans les arts un siècle de tempêtes, y a lâché l'outre des vents. Cinq ou six grands diables d'escogriffes à mines de croquemitaines, demi-nus, demi-affublés de peaux de buffles et de panthères, bondissent en jouant de la pique et du coutelas au milieu d'une boucherie de marmots et de femmes, d'une panique de fuites, de bousculades et de cris où ils font des remous, de grands sillons de sang et d'horreur. Cela se passe sur une petite place à arcades italiennes peintes sur trois côtés du décor, avec des balustrades et une foule de gentilshommes à fraises, de dames à collerettes Marie de Médicis, formant tapisserie autour de ce carnage. Dans la réalité, on imagine plutôt les choses d'une manière différente : une louche besogne de patrouilles au petit jour, des perquisitions rapides à domicile, une suite de lâches égorgements muets, de maison en maison, à travers le silence de la petite ville terrifiée. L'artiste est bien forcé de ramasser les choses ; il suppose une rafle, deux ailes de rabatteurs qui débouchent sur une place en refoulant le gibier, et là dedans une chasse, une lutte, une espèce de cyclone et de mêlée où l'on massacre.

Cela se décompose en huit, dix épisodes, en sujets décousus qui font un peu l'effet d'une boîte à jouets renversée : on reçoit le tout comme une poignée de sable dans les yeux. La simultanéité des chocs donne l'illusion de la rapidité ; la multiplicité des images arrive presque à communiquer une impression de cinéma. Sans doute, en fait de détails cruels, dans une pareille scène, il ne faut pas demander à un Italien le raffinement espagnol. Le pompon à ces Murciens féroces ! Je sais là-bas tels petits groupes d'une rage à faire pâlir tout ce qu'on imagine. Un des assassins, assailli par une meute de chiennes, par quatre ou cinq Furies qui mordent, égratignent, déchirent, s'accrochent aux bras, aux jambes, arrachent les yeux, subit quelque chose de soigné comme passage à tabac. Il n'est pas fier, le pauvre diable en proie à ces bacchantes ! En Italie, l'affaire vous a une tournure beaucoup plus simple : rien ne résiste, les bourreaux abattent

et fauchent sans combat, entrent là comme
dans du beurre.

Il y a trois ans, un soir de janvier, au retour d'une promenade vers Albano et l'Aric-
cia, je me trouvais, entre chien et loup,
attendant le tramway sur la place de Gen-
zano. C'était quelques semaines après la
marche sur Rome. Dans ces villages assez
indépendants des *castelli*, le nouveau gou-
vernement était accepté en grondant. Sur
la terrasse d'où se découvre l'horizon de la
campagne romaine, il y avait beaucoup de
monde, nul bruit et comme une sourde
atmosphère d'attente, un peu inquiétante
sous le rapide crépuscule. On annonçait le
défilé du *fascio* local, et on prévoyait quelque
bagarre. La nuit était presque tombée. Je
ne vis rien. J'entendis une sonnerie de
clairon. Quelques coups de feu furent tirés.
Ce fut tout. Le reste m'échappa dans le
fracas des volets de fer qu'on baissait aux
fenêtres du café où je me trouvais, dans une
agitation, des cris, une galopade de femmes,
un flot de châles effrayés qui se jetaient dans
la salle avec de grands gestes noirs et affolés
de chauves-souris. Il n'y avait personne de
blessé. Mais ce petit tumulte à la suite d'une

pétarade, s'amplifiant en ondes terrifiées comme des cernes sur un étang, cette pantomime magnifique donnaient presque, dans le désordre, une impression d'art. Tout se composait comme dans les fresques et je revoyais les belles angoissse, les gerbes harmonieuses et timides qu'a peintes Raphaël dans la chambre d'*Héliodore*.

C'est encore cette impression de rythme qui domine la confusion de ce *Massacre.* L'atrocité de la tuerie est fort édulcorée par cette poursuite du beau si naturelle à l'Italie. Au milieu de la scène, une Rachel admirable en grand décolleté se désespère avec des bras de *prima donna* devant le berceau vide en forme de tombeau où elle ne trouve plus son Benjamin. Cette cavatine doit toucher les âmes aimantes. Çà et là de beaux traits montrent plus d'énergie. Que j'aime la petite sans vergogne, jambe de-ci, jambe de-là, qui empoigne à deux mains la hache, qui cherche son moutard, se roule à terre comme une, anguille et vomissant des injures à pleine gorge, se tordant, pesant de toutes ses forces, détourne le coup... Combien j'aime ce geste canaille, cette bouche qui vocifère ! Ailleurs, par une trouvaille bien populaire encore, c'est le chien qui se jette sur le bourreau, défend le gosse à la place de la mère suppliante. Dernière invention, celle-là un peu mièvre, mais si italienne et si bien faite pour attendrir : au premier plan, indifférent à toute cette bourrasque, un petit innocent, un chérubin à cheveux blonds s'affaire gravement à jouer et tire sa poupée dans sa petite charrette.

Mais j'allais oublier un dernier personnage, pourtant campé bien en évidence tout au bout de la place, sur un trône baroque posé sur une estrade, sous un immense dais qui souligne son importance, et qu'entoure d'ailleurs, de chaque côté du trône, une garde de pages et de Suisses (ils arborent même la salade que coiffent encore aujourd'hui les Suisses du Vatican). Ce redoutable sire, couronne en tête, noir, avec sa barbiche Henri IV, son haut-de-chausses et sa cuirasse à la romaine, cette espèce de Chat-Botté vêtu en roi de mardi-gras, mais c'est Hérode, reconnaissable, voyons, à ce visage colérique, dévoré de peur et de jalousie. A ces traits, qui ne nommerait le Tyran? Il fait un geste au fond du théâtre, et à ce signal les gardes s'agitent, les bourreaux tuent, les

mères se lamentent, et la tempête se déchaîne en cadence dans toute cette scène
réglée comme un ballet.

Une scène de théâtre, voilà le mot que je
cherchais. Voilà l'explication de tout ce qui
m'intriguait depuis deux jours que je voyage
dans ces *Sacri Monti*, étonné de cet art qui
ne ressemble plus à rien de ce que nous con-
naissons, avec ses conventions et son enfantillage, son réalisme, ses artifices, sa défroque,
son luxe, ses pauvretés et son clinquant.
Théâtre, tout cela ! Toute la matinée, j'avais
le mot sur les lèvres, mais sans être tout à
fait sûr. Plus de doute à présent : ce roi de
carnaval, ce trône sur la place publique, ces
gardes habillés comme des bonbons en papil-
lotes, cette mise en scène et surtout, tout
autour de la salle, ces dames et seigneurs en
fraises et collerettes, ces pourpoints et vertu-
gadins qui se promènent sous les arcades et
contemplent le massacre en spectateurs, c'est
un *autodafé*, ce qu'on appelait en Italie une
sacra rappresentazione, une scène de Mystère
telle qu'elle se jouait au siècle de Shakespeare...

O rois de tragédie, Claudius, Fortimbras,
Laërte, Cymbeline, et toi, vieux Lear ! Ty-

rans et podestats, ducs, monarques, grands
de la terre, souverains de Bohêmes et de Da-
ncmarks imaginaires, personnages déments
qui sous vos couronnes de carton promenez le
tourment de l'ambition et de l'amour, tout
l'enfer des passions humaines, fils torturés du
songe, princes de la poésie ! J'ai vu à Londres
une troupe de fous, sous prétexte de vous ra-
jeunir, représenter vos rôles en jaquettes et
en vestons, dans le triste uniforme de la con-
fection moderne ; Hamlet en smoking et marchant à pas saccadés débitait : « Être ou ne
pas être, » descendait en culotte de golf dans
la fosse d'Ophélie. Quelle bêtise ! Comme si
Shakespeare n'était pas éternel et que son
actualité dépendît d'un tailleur. Les rois de
Shakespeare et ceux de Corneille, comme
ceux de Lope et de Calderon, se montraient
vêtus comme cet Hérode, c'est-à-dire à peu
près comme des rois de cartes : il fallait
venir à Varallo pour voir jouer au naturel
le plus beau théâtre de l'univers.

Pèlerins de Jérusalem, qui cherchez sur
ces monts un simulacre de la ville sainte
et de tout ce que vit Jésus, détrompez-vous :
ce n'en est que l'image telle qu'elle existait
pour les contemporains de sainte Thérèse et

de la reine Élisabeth. Nous sommes au théâtre, devant un de ces drames qui ravissaient Bottom le savetier et qui ressuscite pour nous sur les planches de ces échafauds, avec plus de vie que pour le voyageur qui erre dans les rues de Stratford-sur-Avon et parmi les tavernes de l'antique Chester.

C'est un Mystère d'autrefois qui se joue devant nous, un miracle des anciens jours, avec son vestiaire baroque, sa foule d'épisodes, ses innombrables comparses, ses figurants, ses *engins*, ses machines ; ce sont ses rôles que nous voyons là, de plain-pied et pour ainsi dire *ex æquo* avec nous, non pas comme de vaines ombres, mais en figures solides, déplaçant autant d'air que nous-mêmes et d'une densité positive comme celle de notre corps. Ces gestes, cette pantomime frappante, sont des gestes d'acteurs : cet Hérode colérique, la petite enragée qui se traîne et fait le diable à quatre, tout ce qui s'agite et se démène dans cette fricassée du *Massacre des Innocents*, ce sont des trouvailles de Talmas et de Champmeslés inconnus, qui nous seraient conservées par une sorte de moulage, par l'art de quelque nécromant, comme le film aujourd'hui enre-

gistre les attitudes d'une Pola Negri ou d'un
Rudolf Valentino.

Et tout cela, ce monde d'acteurs, cet
Hollywood du seizième siècle, aussi étonnant que de coudoyer sous un ciel de Californie les dames en hennins de *la Tour de
Nesle*, Napoléon, Madame Sans-Gêne, d'Artagnan et les Mousquetaires, toute cette prodigieuse Jérusalem en *toc*, cet immense tableau vivant, cette ville de bonshommes en
terre cuite, ce drame qui se joue là-haut en
permanence, sans un seul jour de relâche
depuis plus de trois siècles, sans repos, jour
et nuit, pour des générations de pèlerins et
de fidèles, tout cela est sorti un beau jour de
l'imagination de ce capucin ignoré, de ce
crâne d'impresario qui nous regarde de ses
yeux vides, derrière son grillage, jaune et
rance sur l'appui de sa petite fenêtre, comme
un vieux pot à beurre...

CHAPITRE V

LE THÉÂTRE DE SAINT-CHARLES

Encore des pavillons, des chapelles et des chapelles, qui vagabondent çà et là comme les maisonnettes d'un hameau de montagnes, dans leur caprice de jeu de l'oie, parmi des allées et venues, des lacets de sentiers qu'embaument des buis amers ; encore des petits musées Grévin, encore des tableaux vivants qui nous attendent et s'immobilisent dans chacune de ces boutiques, derrière les grilles de ferronnerie ou les chancels de bois sculpté, comme les habitants d'une ville enchantée.

Il en est çà et là de charmantes, de ces scènes, donnant parfois le sentiment d'une véritable poésie, comme cette gracieuse idylle de la Samaritaine, où la belle Levantine, dans sa brillante parure, couverte de bracelets et de bijoux, est si visiblement une fleur d'amour et de plaisir ; d'autres sont tout à fait médiocres, au contraire, et sentent la camelote, l'ouvrage de quelque *fa presto* qui reproduit grossièrement la *Transfiguration* ou quelque autre sujet classique.

En général, il faut l'avouer, ce qui est le plus développé dans cette vie de Jésus, ce sont les scènes de miracles, le côté merveilleux où le Christ apparaît en maître de la nature, guérissant le paralytique, commandant à la mort, tirant Lazare du tombeau. On sent le désir d'insister sur le pouvoir du Fils de Dieu, de donner la sensation physique de son empire, pour tout dire, une idée un peu vulgaire du divin.

On regrette d'autres thèmes plus touchants, ce tendre « Laissez venir à moi les petits enfants, » par exemple, cette parole jamais prononcée par aucune autre religion, ou le dialogue chez Marthe et Marie, ou la femme adultère. Voilà, avec les Paraboles et les Béatitudes, les traits qui ont constitué la sensibilité chrétienne et qui font de Jésus à jamais, même pour ceux qui ont cessé de fréquenter ses églises, le maître irremplaçable de la vie spirituelle.

Hélas ! C'est le tort du théâtre de sacrifier au théâtral. Il lui faut des effets de scène, des gestes, des cris qui passent la rampe.

C'est la rançon de tant de détails précieux que nous devons aux Mystères. Mais soyons justes : tâchons d'oublier notre Rembrandt. Évidemment, en échangeant la vérité imaginaire pour des réalisations trop tangibles, nous faisons une mauvaise affaire. Il est dangereux en art de trop accorder aux sens. Certaines scènes, comme ce Baptême où Jésus prend un bain de pieds dans une cuvette d'eau saumâtre, censée représenter le Jourdain, avec deux figurants grimés en anges qui tiennent gauchement ses habits derrière lui, font pitié. Comme toujours, l'art périt par l'introduction des éléments naturels. La nature rate son effet et fait rater ce qui l'entoure, comme la voix parlée déchire une phrase de chant...

Mais non, il faudrait aborder ces chapelles avec piété. Je me plaignais de ne pas retrouver ici le tendre consolateur, le Christ de la *Pièce aux cent florins*. C'est nous qui ne savons plus l'y voir. Pour le dévot de la sainte montagne, le divin thaumaturge n'a pas perdu la puissance de faire des miracles. Chacune de ces stations est un bureau de grâces, une source dont le peuple s'approche avec confiance : aux Innocents,

les mères demandent la santé de leurs petits ;
ailleurs, c'est le secours des maladies des
femmes ; plus loin s'obtient la cure d'un
attachement coupable. Tout cet hôpital de
douleurs, cette procession de misères qui
traînent dans le chef-d'œuvre du rêveur
d'Amsterdam aux pieds du Christ de l'Évangile, et dont la supplication nous émeut dans
ce poème incomparable, c'est le pauvre
peuple chrétien qui vient prier ici de chapelle en chapelle et implorer de l'Ami céleste
la guérison de ses péchés et la consolation
de ses larmes.

Parmi ces pèlerins, il en est un dont le
souvenir ne cesse pas d'habiter le sanctuaire de Varallo. La mémoire du grand
archevêque de Milan, saint Charles Borromée, se conserve pieusement sur le *Sacro
Monte*. C'est là que le prélat passa presque
ses heures suprêmes et se prépara à la mort.
Sa figure agenouillée se voit encore dans une
niche à côté de l'oratoire qu'il affectionnait
entre tous ; il est là, avec son rochet, son
grand nez, sa barbe de quinze jours, son
visage miné par les jeûnes et une fièvre
d'amour, perdu dans sa prière comme le

jour où, dans la chapelle de son palais, le coup d'arquebuse d'un assassin tiré sur lui à bout portant ne lui fit pas tourner la tête.

C'est au retour de son dernier voyage à Turin, où il avait été vénérer le saint Suaire, qu'il résolut de séjourner sur la pieuse montagne pour y faire sa dernière retraite. Il savait que ses jours étaient comptés et qu'il n'en avait plus pour longtemps. Il l'avait dit au duc en le quittant : « Je crois que nous ne nous reverrons jamais. » A cheval, par les mauvais chemins, le cardinal, suivi de sa petite escorte, arriva au couvent de Sainte-Marie-des-Grâces, où il avait déjà passé une nuit en prière six ans auparavant. C'était la fin d'octobre, les journées courtes, les nuits glaciales. Le prélat, sans s'arrêter en bas chez les religieux, monta tout droit aux oratoires ; il était pressé de vaquer aux exercices qui allaient achever de le mettre en état de paraître devant son Créateur.

Le cardinal poussait à un degré héroïque le mépris de la chair et l'indifférence à la mort. Haï par ceux dont il molestait le relâchement, on l'avait vu jeter au feu une lettre qui l'instruisait d'un complot contre sa vie. Il avait bravé avec un courage au-dessus de l'homme la peste de Milan, où périrent vingt-cinq mille personnes. Cette fois il parut encore plus détaché de lui-même. Ses pénitences épouvantaient les religieux. Il couchait sur des planches, sous une méchante couverture, ne dormait que quatre heures, ne mangeait que du pain, ne buvait que de l'eau et faisait, en dehors des offices, six heures d'oraison, trois de jour, trois de nuit. Il s'accablait de disciplines, se traitait en forçat révolté. Il fit une confession générale de sa vie, après une nuit de larmes, comme s'il pleurait de grands crimes. Il semblait abîmé en Dieu, déjà hors de lui-même. Son âme commençait à sentir ce dégagement de la terre, qui n'allait plus tarder à s'accomplir ; la délivrance approchait.

Le 24 octobre, il eut le frisson ; il réussit à cacher sa joie à tout son entourage et continua ses exercices et la visite des oratoires. Il y en avait deux où il s'arrêtait chaque jour avec prédilection : c'étaient le jardin des oliviers et le sépulcre de Notre-Seigneur. Ici, il entrait dans les angoisses de l'agonie de Jésus ; là il se mettait en état de mort avec lui, se dépouillait de tout ce qui était d'Adam. On dit qu'un ange lui apparut pour lui annoncer sa fin imminente. Sans doute on veut parler de l'ange qu'on aperçoit dans le crépuscule de la chapelle des Oliviers, comme une lune trouble parmi les nuées d'une nuit d'orage, portant le calice du sacrifice, le calice dont le prêtre se sert à la sainte messe. Saint Charles se méfiait grandement des visions. Il ne vit certainement rien de plus que ce que nous voyons. Mais de ces pauvres objets l'application de son âme profonde tirait des fruits surnaturels.

La fièvre le reprit. Son confesseur lui ordonna de modérer ses austérités et le travail de ses veilles. Aussitôt il obéit, et souffrit que l'on fît cuire son pain dans de l'eau pure et sans sel, ce qui était pour lui une grande délicatesse. Il permit un peu de paille sur la couchette où il dormait, et fit encore la concession d'abréger un peu son oraison. Mais il ne laissa point de célébrer la messe. Le troisième accès le saisit sur les degrés de l'autel. Il quitta Varallo mourant le 29 octobre et expira à Milan la nuit du 3 novembre. Il avait quarante-six ans.

Le zèle de ce grand saint ranima Varallo.

Il n'est guère possible de savoir quels ordres il donna pendant les quelques jours qu'il passa presque moribond sur le *Sacro Monte*. Mais les circonstances émouvantes de son suprême voyage, la vénération qui s'attachait à la mémoire du noble pasteur ravivèrent l'intérêt public pour une œuvre qui languissait. L'évêque de Novare, Bescapè, qui imprima une si vive impulsion aux travaux, est un des secrétaires qui reçurent le dernier soupir du grand archevêque de Milan.

C'était l'époque où l'Église romaine sortait enfin victorieuse des tempêtes du seizième siècle. Elle retrouvait quelque chose de l'esprit des croisades. Après tant de revers et les malheurs de Rhodes, de Chypre et de Tunis, l'immense victoire de Lépante venait relever l'honneur chrétien et anéantir sur les mers le prestige du Croissant. Cette bataille rouvrait les routes de Palestine. Le poète de l'*Aminte* et le chantre d'Éléonore réveillant pour une *Iliade* chrétienne les cordes de la lyre héroïque, célébrait les exploits de Renaud, de Tancrède, de Godefroy et de Bohémond, et l'Europe ravie, qu'enchantait le génie du Tasse, répétait les octaves de la *Gierusalemme*.

Ainsi la vieille Jérusalem du bienheureux

Caimi, émergeant de l'éclipse de la Renaissance, brillait de nouveau comme une perle au front de l'Italie. Elle revêtait un nouveau sens en face du monde germanique. Ce n'étaient plus des mercenaires et ces terribles lances de Marignan et de Pavie, qui descendaient maintenant des couloirs des Grisons, mais un ennemi plus redoutable, la menace du schisme des Zwingle et des Calvin. Contre cette invasion nouvelle et ces furieux destructeurs d'images, le rocher de Sion prenait le rôle d'une citadelle ; c'est une forteresse que l'Église opposait aux progrès de l'hérésie. Dans ces gorges des Alpes, la petite *burg* franciscaine se dressait en signe de triomphe comme un double trophée et un double drapeau.

Je demande pardon de ces dates et de ces phrases de manuel. Comment expliquer autrement la surprise qui nous attend ?

Depuis deux heures, j'erre dans le dédale, tantôt émouvant, tantôt saugrenu, de la montagne de Varallo ; c'est tantôt un bosquet, tantôt une succession de parterres dégradés, réunis par des rampes et où des buis, qui chauffent au soleil et mêlent leur

arome au parfum de la menthe, dessinent le
visage à demi effacé d'un jardin à l'italienne. Dans ce labyrinthe, les monuments se
succèdent un peu au petit bonheur, reliés
entre eux vaguement par un fil d'Ariane,
avec des détours, des caprices, des circuits,
des retours où le voyageur, il est vrai, court
peu de risques de s'égarer, mais qui témoignent pourtant d'un aimable désordre et
d'un certain laisser-aller.

En général aussi, excepté une ou deux
chapelles un peu plus élégantes, les petits
pavillons qui se dispersent dans ce parc
sont des constructions sans style, de simples
cabanes de torchis sans aucune apparence,
d'un aspect tout à fait agreste et villageois.
Et c'est d'ailleurs très reposant, cette architecture sans prétention et qui ne fait pas
parler d'elle : cela soulage d'autres œuvres
plus exigeantes et maniérées ; on a presque
l'illusion d'un véritable village, non pas du
tout d'une ville d'Orient, comme le voulait
le fondateur, mais d'un village de chez nous,
de chaumières chrétiennes : chaumières de
Noël, avec leurs cheminées transformées en
étables, leurs crèches, leurs *grupis*, leurs
santons, humbles tanagras de terre naïve,

bergers et bergères de deux sous, menue gent de Petits Poucets chargés de minuscules offrandes, de paniers de fruits en miniature, mignonnes figurines de petits génies de la maison conservés sous la cendre, tandis que les étoiles de verroterie et de filigrane crépitent comme les étincelles, les gouttes condensées de la flamme du foyer qui rêve tout le reste de l'année à cette fête.

C'est cela, de grands *santons* de terre cuite, des santons de village comme il s'en fait encore au pays de Mistral, modelés et peints à l'aquarelle par les doigts agiles de toute une tribu d'artisans de Marseille et d'Aubagne, pour le bonheur de tous les petits frères et petites sœurs de Mireille. Et cela fait penser aussi à de vieux contes des Évangiles apocryphes, à la légende du fils de Marie jouant avec ses camarades à façonner de la glaise en forme de moineaux, et tout à coup, d'un souffle, leur inspirant la vie, dispersant la petite bande ailée qui part avec des cris aux quatre coins du ciel. Et ce qu'il y a d'épars dans ces petits pavillons, ces scènes débandées à travers un jardin conviennent au décousu des souvenirs d'enfance, à l'état de poussière poétique où nous apparaît la mémoire de cette époque de la vie...

Soudain, tout s'agrandit, tout change ; je débouche sur une place de marbre, sur une vaste esplanade blanche encadrée de portiques, une de ces grandes places de palais et de colonnades, de degrés, de façades où se suspendent les draperies de loggias et de galeries et où le galbe des colonnettes, les féminines volutes des chapiteaux ioniques d'où jaillissent les cintres des arcades, le trait d'ombre qui souligne le tracé des moulures, le jeu des formes et de la lumière, l'alternance des pleins et des vides semblent de l'espace, du rythme et de l'élégance cristallisés.

C'est une vision si imprévue et d'une grâce si complète, cela forme un cadre si pur, cette architecture aérienne autour d'un préau de gazon et de la petite fontaine qui jacasse au milieu, que j'en reste un moment saisi, comme si j'étais transporté par un coup de baguette sur un de ces petits *campi* de Venise où on ne sait plus par quel chemin on y est arrivé, au sortir d'un fouillis de ruelles et de *calli*, et qui ont l'air de s'ouvrir d'eux-mêmes dans votre rêverie, comme des clairières subites de silence et de songe.

Cette fois, c'est tout le charme de l'architecture italienne, architecture aux pieds légers qui ne pose presque pas à terre, ou n'y pose du moins que par intervalles espacés et par des membres délicats, comme la danse ne touche le sol que pour bondir encore : cette architecture idéale qui supporte sur des fûts graciles la pourpre du Palais des Doges et qui prête à sa base une cadence de cortège, ou enveloppe la tour de Pise d'un voile de vivants fuseaux, d'un tissu d'atmosphère presque immatérielle.

Ou plutôt encore, comme on voit bien que ces palais ne sont pas faits pour être habités, qu'ils n'offrent aucun des organes nécessaires pour y loger des êtres vivants, cela donne à toute cette place un air plus irréel encore, un air de fabriques de fantaisie comme il y en a dans les tableaux des vieux maîtres, et où ne sauraient vivre que les figures des légendes.

Cela s'appelle ici la place des Tribunaux, cette sorte de haut parvis situé au point le plus élevé de la montagne de Varallo et où voisinent les palais d'Hérode, d'Anne, de Caïphe, de Pilate, tous les locaux où se passent le procès et la Passion de Jésus, depuis l'entrée en triomphe du dimanche

des Rameaux jusqu'à la dernière Cène et à
la nuit du Jeudi saint : et tout cela n'est
qu'un décor, un immense théâtre à compartiments juxtaposés, comme ceux d'autrefois, avec ses mansions ou ses maisons diverses, où se succèdent les étapes de la Voie
douloureuse.

Certes, cette soudaine esplanade forme un
beau coup de théâtre, élève les choses en
dignité sur un socle superbe, vous hausse
dans un ordre de pensées majestueuses ; et
elle constitue en elle-même le plus beau des
théâtres, une espèce de San Carlo en plein
air, s'il est permis de lui donner le nom de
son promoteur, farouche adversaire des spectacles, une scène chrétienne supérieure qui
vaut bien, même au point de vue de l'art,
les célèbres théâtres de Vicence et de Parme,
chefs-d'œuvre des Scamozzi et des Palladio.

— Mais quoi ! (j'entends d'ici l'amateur de
couleur locale), vous prétendez que cette
place vous représente Jérusalem? Une ville
de roman, faite pour les personnages du
Marchand de Venise, à la bonne heure ; je me
figure sous ces arcades, par une nuit de
clair de lune, le duo des amants de Shakes-

peare et la musique murmurée des ïambes immortels :

> *In such a night*
> *Did Thisbe fearfully o'ertrip the dew.*

Mais Jérusalem, c'est une autre affaire.

— Qu'en savez-vous? répondrai-je à ce curieux de vérité exacte. Les auteurs de ce beau rêve scénique, et surtout les bons pères capucins qui les dirigeaient, en savaient peut-être autant que nous sur la topographie des Lieux Saints. Et puis, sommes-nous sûrs que la Jérusalem d'aujourd'hui ressemble encore à celle où a vécu Jésus? Cette bédouine ensevelie sous le burnous arabe, que domine l'escarboucle de la mosquée d'Omar, et aux pieds de laquelle une vieille Juive s'accroupit dans ses loques, n'a sans doute plus rien de commun que le nom avec la ville romaine où s'élevaient les palais d'Hérode et de Bérénice, la petite Césarée des fonctionnaires d'Auguste. A tout prendre, on pourrait parier qu'en fait de restitution historique, ces Italiens du seizième siècle sont plus près de la vérité que le voyageur moderne qui croit connaître la scène de la vie de Jésus, et qui n'a vu qu'une ruine

franque recouverte de guenilles turques. La
vieille mosaïque de Sainte-Pudentienne, qui
représente Jérusalem au temps de Cons-
tantin, n'est pas si différente de ce qu'ont
imaginé les architectes de Varallo. Leur imagination n'est qu'un jeu, soit : mais ils
jouaient avec les mêmes éléments que Rome
avait déjà importés en Syrie, et le résultat
a sans doute avec les choses originales, qui
nous échapperont toujours, un air de famille
que n'aura jamais notre exotisme de paco-
tille...

Étonnante du reste, cette impression de
marcher dans un grand rêve fossile, d'errer
dans ce qui fut la pensée d'un autre âge,
mais de la pensée concrète au point d'occuper tous mes sens et de supprimer autour
de moi toute autre réalité. Pour quelques
heures, je vis dans ce songe, au milieu de
ces architectures, dans cette mise en scène
prodigieuse, parmi ces acteurs éternels répé-
tant le même drame invariable, ce drame
d'un si vieux passé qui devient ici tout le
présent.

Voilà qui dépasse les plus folles ambi-
tions de nos entrepreneurs de spectacles :
quel Reinhardt, quel Gémier, a conçu un

programme à cette échelle, avec une ville de marbre construite tout exprès et ce luxe de décor dont se satisferait pour sa demeure le caprice d'un vizir ou d'un calife de Bagdad?

Et Boileau qui condamne ces spectacles « barbares »! Et nous, qui fouillons les paperasses et les bibliothèques afin de reviser le procès du moyen âge, sans nous aviser que le théâtre du moyen âge était toujours ouvert et qu'il suffisait d'y aller voir pour en apercevoir l'incomparable magnificence.

Ici, je m'épanouis, les poumons se dilatent : sommet d'un développement, d'un travail spirituel de trois et quatre siècles! Je parlais tout à l'heure du vénérable Caimi et de saint Charles Borromée : c'était m'arrêter à mi-chemin. Le théâtre de saint Charles! C'est le théâtre de saint François d'Assise qu'il fallait dire.

Il y a quelques jours, je me trouvais à Greccio, au fond de la Sabine, j'entrais dans cette grotte où le jongleur de Dieu célébra parmi des paysans, trois ans avant de mourir, la fameuse Noël si célèbre dans les histoires, cette Noël de Greccio qui fut le plus doux de ses miracles, où le ciel même joua son rôle et où le petit Pauvre tout brûlant de génie apparut au milieu des pauvres, portant son Dieu entre ses bras.

Je considérais la vieille fresque qui commémore derrière l'autel, dans la pénombre de cette cave, la scène que rapporte la légende, la scène de la petite Bethléem franciscaine, où dans un trou de montagnes sauvages, devant des laboureurs, des pâtres, un public terreux tout pareil aux bergers de la nuit de Judée, le vieil Évangile se ranime à la parole du poète, et la terre desséchée, à la voix de l'enchanteur, enfante une nouvelle aurore.

Qu'est-ce qu'il peut tenir de monde dans cette grotte? Quinze personnes et la fresque n'en montre pas davantage. Mais il y avait saint François, et cela suffit pour que dans cette crèche, sur la paille préparée de ses mains, entre nos frères le bœuf et l'âne, un nouvel acteur apparût, celui-là même que le bienheureux nourrissait dans son cœur : tous virent soudain briller Jésus, comme une lumière jaillie de leurs âmes, une lueur tirée d'un dur caillou. Ce qui venait de naître dans ce pauvre décor, c'était ce dont j'ai sous les yeux l'accroissement suprême : c'était le pathétique chrétien.

Greccio, vieux nom de village grec, est-ce par hasard que l'embryon du théâtre moderne a pris vie dans ce hameau de la rude Étrurie colonisé par des Hellènes, longtemps avant le siècle de Sophocle et d'Eschyle?

Parlant du côté dramatique de la création franciscaine, Michelet dit le mot qui éclaire tout : il pense aux Bacchanales, aux mystères orphiques de la Grèce, source turbulente et avinée de la tragédie. Ainsi, dans la grotte de Greccio, à côté du drame liturgique, quelque chose vient de naître sur la paille, entre le bœuf et l'âne, quelque chose de populaire, une fleur de nature qui pourra fructifier, devenir le *Mystère*, père du théâtre national de Marlowe et de Calderon, de Shakespeare et de Corneille. Petite chose, germe d'arbres aux branchages immenses. Je me plais à considérer l'humble détail de la fête, tout ce qui la rapproche de terre, l'attache davantage au sol : ce soin du paysan pratique, par exemple, qui après la cérémonie ramasse la litière et l'emporte comme talisman, pour guérir ses bêtes malades. Tous ces traits d'une race rurale accentuent le rapport avec les réjouissances des vignerons de Thessalie. Dans les deux cas, les choses se sont passées de même ; le théâtre moderne, comme le drame antique, sort d'une fête de village, et cette fête (la chrétienne) est une idée de saint François.

Saint François, ô notre chorège, mime et trouvère du bon Dieu, roi du geste, entraîneur de foules, toi qui n'hésitas pas à te faire pour l'amour du Christ un baladin de carrefour, qui te faisais pour une peccadille traîner la corde au cou sur les places publiques, cœur d'allégresse et de pitié, qui as laissé au monde derrière toi cette race insensée et cette longue folie de spectacles et de larmes, c'est toi qui nous offres l'image de cette Jérusalem dont tu fus un pèlerin, et ce noble théâtre de Varallo. On pourrait te représenter portant ce présent entre tes mains, comme on peint d'autres fondateurs portant le modèle de leurs églises, ou comme Giotto te figure étayant le Latran. Toujours, l'histoire le montre, le comédien fit bon ménage avec ta théâtrale et plébéienne famille. Tout ce torrent d'images dramatiques, ce monde des Mystères que tu créas et qui enchanta nos aïeux, cette divine co-

médie qui fut longtemps l'unique théâtre
de l'Europe, se sont évanouis il y a beaux
jours, et les savants en cherchent le reflet
dans de vieilles peintures et dans les pages
des manuscrits. Par bonheur ton génie veillait et inspira encore, à trois siècles d'intervalle, un bon cordelier de ta famille : il sentit
le lien qui unit le drame et la création plastique. Il communiqua ton étincelle à des
œuvres d'argile. Sans lui, tout ce peuple
d'acteurs que tu animas de ton souffle, ces
vivants d'autrefois qui, sous des costumes
d'emprunt, furent Madeleine, Pierre, Marie,
les apôtres, seraient moins pour nous aujour-
d'hui que les figures de neige que tu façonnas
dans ton jardin, une nuit de trouble et de
désir, et que le soleil avait fondues le lendemain matin.

C'est du reste dans ces montagnes entre
le Piémont et la Bavière que le drame
sacré, humilié et chassé de nos villes modernes, comme une vieillerie dont le clergé
lui-même s'était mis à rougir, trouva un
refuge longtemps encore et persista jusqu'à
nos jours comme une plante de rocher. Il y
a trente ou quarante ans, des vieillards, à

Turin, se souvenaient encore des spectacles de la Passion qu'ils avaient vu jouer étant enfants dans les villages du Canavese. Une grange servait de théâtre. Faute d'acteurs, les apôtres se trouvaient réduits à quatre. La pièce se voyait ramenée à sa plus simple expression. L'orchestre se composait d'un tambour. Le curé faisait le régisseur, la musique, le souffleur. Les rôles féminins, bien entendu, étaient tenus par des garçons. Celui qui jouait la Vierge était un certain Michele qui avait une jolie figure et qu'on appelait dans le village Michele Madonna. « Hé! bonjour, la Sainte Vierge, .» lui disait-on sans rire, comme la chose la plus naturelle. C'est ce garçon, un peu plus cultivé que les autres et qui avait une belle main, qui copiait les rôles de la pièce.

Les accessoires, les costumes étaient d'une pauvreté pleine de bonhomie. La garde d'Hérode s'armait du coupe-choux réglementaire de l'armée piémontaise. On liait Jésus avec les chaînes qui servaient à attacher les bêtes au râtelier. Mais, en revanche, quelle vérité dans les choses essentielles! La lance de Longin, ou plutôt la hallebarde du sacristain, faisait sortir du côté du Christ un flot de laine écarlate, par un truc savant qui excitait un cri d'horreur et d'admiration. De gros fils rouges mêlés à ses cheveux et aux épines de sa couronne, attachés aux clous de ses pieds et de ses mains, imitaient des filets de sang. Et comme ils y allaient, et quels coups de marteau pour enfoncer ces clous ! Le pauvre Jésus ne manquait guère d'en attraper sur les doigts. Les acteurs se pénétraient si bien de leurs rôles qu'ils n'en sortaient plus ; ils n'étaient plus le savetier, le forgeron, le tailleur, ils demeuraient indéfiniment Pilate, Hérode, Jean, Simon. On achetait son pain chez le boulanger qui était un apôtre, ses chaussures chez un cordonnier qui était le grand prêtre. Tout ce village de pécheurs était devenu un chapitre vivant de l'Évangile. Les rôles étaient intervertis : c'est la vie ordinaire qui paraissait un jeu, et le jeu qui devenait la réalité de la vie.

Ici, sans doute, à Varallo, c'est bien autre chose que ce qu'on pouvait voir il y a quatre-vingts ans dans un village déshérité des vallées piémontaises ; c'est le spectacle de la Passion dans toute sa splendeur, avec toutes les pompes dont il s'accompagnait

dans les villes les plus fastueuses, à cette
époque qui savait encore dépenser pour des
fêtes et où ce luxe public était la gloire de
la cité. C'est ce spectacle qui se déroule sur
ce vaste théâtre composé de vingt théâtres,
parmi les galeries, les portiques et les colonnades, les palais et les temples de la nouvelle Jérusalem.

J'y suis seul ce matin ; hormis la première
boutique à main droite, où l'on vend des
« souvenirs » du *Sacro Monte*, des chapelets,
des médailles et des cartes postales, personne sur cet étrange parvis, pas une âme
qui vive, pas même un custode importun
pour rompre le silence, fêler comme un verre
la beauté de cette radieuse journée de vendredi saint. Je n'ai pour compagnes, dans
ce blanc décor de Sion imaginaire, que la
tête de mort du vénérable Caimi, toujours
grimaçant son sourire vide au fond de sa
logette, et la prière sans fin de saint Charles
Borromée, immobile depuis trois cents ans
devant l'ange de la mort qui flotte dans la
nuit du jardin des Oliviers. Tout cet immense drame en vingt actes se donne exprès
pour moi, tel ce roi mélomane qui se faisait

jouer *Tännhauser* pour lui sans plus, dans ses romanesques châteaux de Starnberg ou de Hoheschwangau, et j'erre, seul vivant, au milieu de la foule des fantômes muets, de la grande tragédie fossile.

Dix scènes, dix chapelles défilent à mesure que j'avance sous cette galerie, toute une file de compartiments ou de théâtres séparés qui s'alignent le long de ce portique, dont l'ombre leur fait déjà une atmosphère à part, un jour spécial qui n'est plus celui de la lumière crue : cette pénombre suspendue à la voûte des arcades s'interpose comme un premier voile entre les objets et le jour réel, que tamisent encore les chancels et les grilles, s'ajoutant comme un nouveau prisme qui prête aux illusions et aux fantasmagories ; et dans chaque chapelle, selon l'heure du crépuscule, de la nuit ou du petit jour qui marque les étapes de ce drame nocturne, toute une gamme savante d'éclairages, un système d'invisibles diaphragmes interviennent encore pour modifier les choses, épaissir le clair-obscur et en faire émerger la mortelle pâleur et la face livide d'une aurore d'agonie.

L'exécution, par malheur, est assez iné-

gale, d'époques et de mains très disparates.
La Cène est presque ridicule. On ne s'intéresse qu'à la nature morte, aux compotiers,
aux cruches, au détail de la vaisselle et de
la victuaille.

Continuons, comme on suit le bas côté
d'une église, à passer en revue les chapelles
successives, à nous pencher à l'œil-de-bœuf
des boiseries et des grilles ; soyons le spectateur qui se déplace de scène en scène et
d'étage en étage, le long de l'immobile et
multiple décor ; avisons dans chaque recoin
l'ouverture qui nous invite à quelque nouvelle surprise, nous propose toujours une
vision après une autre, sans jamais se lasser
dans sa profusion de secrets ; tournons dans
ces galeries, tournons à perdre le sentiment
bien net de l'endroit où nous sommes, au
milieu de la foule accablante, de la multitude d'émotions de cet obsédant théâtre ;
montons les degrés élégants de cette *Scala
santa*, copiée sur l'escalier de Sainte-Croix en
Jérusalem, et qui me rappelle une autre
copie, d'un pathétique si imprévu, admirée
jadis en Bohême dans une église de Brnò,
montée obscure en haut de laquelle apparaît un sanglant et dérisoire *Ecce homo;*

errons dans ce palais peuplé de personnages-
fantômes et de la grande tragédie muette,
qui finit par serrer le cœur, par l'étreindre
d'une angoisse sourde, comme il arrive qu'on
se sent perdu sans ressource au milieu de la
populace de certains cauchemars.

Voici d'abord les scènes de l'agonie au
jardin des Oliviers, ces scènes qui touchaient
si fort saint Charles Borromée, pas très
bonnes pourtant, mais qui ne laissent pas
d'émouvoir par leur obscurité, comme au
théâtre quand la rampe baisse et que l'on
fait le noir : et tout le reste en effet va se
passer désormais dans une sorte de clair-
obscur douteux, dans un demi-jour indis-
tinct qui ajoute à la confusion du spectacle
son pathétique nocturne, et qui opprime
par la sensation physique de la chose téné-
breuse en train de s'accomplir, ce jugement
d'un innocent étouffé dans la nuit.

Ah ! cette répétition de scènes presque
identiques, cette sinistre et monotone comédie de prétoire, ce condamné qu'on traîne
de la Synagogue au Temple, du Temple chez
le gouverneur ; le piétinement de cette action
qui revient sur elle-même, repasse des prêtres
au magistrat, du magistrat au prince, tour-

nant dans ce cercle impitoyable d'accusateurs
furieux et d'autorités lâches, cette longue
promenade sans espoir entre le pontife
et le bureaucrate, et où l'on sent tout le
temps que tout est dit d'avance, que la
haine l'emportera et qu'elle finira bien par
arracher sa proie à l'indifférence égoïste des
puissants, — tout cela, les cris de la meute,
la bousculade des curieux, le peloton lugubre
du malheureux poussé de scène en scène par
la soldatesque, tout cela dans le crépuscule
d'une nuit qui semble cacher au jour et
dérober son infamie, — toute cette scélérate
parodie de justice n'ajoute rien sans doute
au texte des Évangiles ; et cependant j'en
éprouve ici une sensation plus vive et comme
plus insistante, rien que d'être obligé de
repasser ainsi ces scènes une à une, et je
n'ai jamais si bien compris qu'aujourd'hui la
cruelle ironie de la petite phrase proverbiale,
ce que c'est que d'être renvoyé de Caïphe
à Pilate.

Et toujours ces mélanges d'art, toujours
ces amalgames de deux ou trois techniques,
ce mariage de la couleur, de la plastique, de
l'architecture et de la fresque, cette puissance de mise en scène, mais singulièrement

accrue par le mystère de l'éclairage, qui
prête à tous les éléments un degré de fusion
particulièrement réussi, jette sur l'ensemble
un doute au bénéfice de l'illusion générale.
Ces épisodes sont d'ailleurs les plus soignés
de tous, visiblement traités avec conscience
et avec goût par des maîtres excellents dont
ils excitaient la verve : ce Giovanni d'Enrico (l'auteur de notre *Massacre des Innocents* de ce matin) était assurément un
modeleur de première force ; et son frère
Tanzio, comme aussi ce Morazzone, décou-
vert hier à Orta, et que j'ai le plaisir de
retrouver ici, sont des talents supérieurs,
des tempéraments généreux qui ont du sang
de Véronèse.

On regrette même cette profusion, cette
prodigalité qui ressemble à du gaspillage.
Quelle surprenante défroque, quels costumes,
quelles armes ! Casques, morions, salades,
cuirasses, pertuisanes, toute l'antiquité de
la colonne trajane, mêlée aux chausses mi-
parties et au bariolage des lansquenets
d'Unterwald, à l'infanterie jaune et rouge
de Trivulce et de Frondsberg ; panaches,
turbans, mitres persanes, bonnets juifs, coif-
fures de toutes les formes, couvre-nuques

flottants d'Arméniens ; lévites des grands prêtres, longue robe de pacha que Ponce-Pilate a enfilée au saut du lit dans le négligé d'un Romain gagné aux mollesses orientales : rien qu'à faire l'inventaire de ces vêtements et de ce mobilier, on en saurait plus long qu'en lisant des volumes sur le théâtre des *Mystères;* on retrouverait la source vive de tant de compositions populaires des peintres et des graveurs.

Toute cette suite de scènes, le *Lavement des mains, Jésus montré au peuple,* la *Condamnation* mériteraient chacune des pages de description. Mais deux surtout, la *Montée au calvaire,* de cet étonnant Tabaguet, et la *Crucifixion* de Gaudenzio Ferrari, sont vraiment des chefs-d'œuvre. Ce Jean de Wespin, dit Tabaguet (le sculpteur de l'*Ève* admirable de la première chapelle), est la grande trouvaille de notre ami Butler, qui lui « donne », comme on dit, tout ce qu'il trouve de bien à Varallo, sans doute pour le consoler d'une longue période d'injuste oubli. Dans le genre à spectacles, qui est la spécialité de cette singulière école, je doute qu'on ait jamais fait mieux. L'ordonnance est aussi lisible que dans un beau Rubens.

Trois groupes occupent la largeur du plateau : en tête, les deux larrons, morceaux de sculpture magnifiques, que précède un hallebardier en somptueuse culotte hindoue, silhouette ambiguë comme Sodoma en a rêvé dans ses *Noces d'Alexandre;* au centre, une figure écrasée, tellement accablée et tellement pitoyable, tellement égarée d'épuisement et de douleur, que moins livide paraît le linge dont une sainte femme lui essuie le visage, et que Rubens lui-même, en traitant ce sujet, n'a pas trouvé à peindre une larve plus exsangue ; derrière ce beau groupe, qu'environne une grappe furieuse de bourreaux et de goujats, faces de bestialité hideuse (une brute relève le condamné à coups de pied, comme un charretier frappe son cheval abattu), un dernier chœur ferme le cortège, celui des saintes femmes en larmes et celle qu'à sa pâleur on connaît pour la mère, implorant humblement du garde qui la repousse, la consolation de souffrir jusqu'au bout et de voir expirer ce qu'elle a mis au monde. Ce triple groupe, ce beau *crescendo* de douleurs forme la ligne principale de la composition. Au premier plan, se détache un épisode secondaire :

deux femmes — pourquoi toujours des
femmes dans le public d'une exécution? —
figurent par contraste la sottise et la vanité ;
une jeune mère, montrant le prisonnier pan-
telant, fait la leçon à son marmot qui l'écoute
incrédule : « Si tu n'es pas sage, voilà ce qui
t'attend ! » Plus cruelle encore, une coquette
tourne au spectacle ses belles épaules et,
ayant assez vu, s'en revient chez elle en
bichonnant son petit chien. Enfin, au dernier plan, une masse confuse de cavaliers,
centurions, mamelucks, spectateurs, bêtes
magnifiquement harnachées, figurants de
toute sorte, une cohue de têtes, de piques,
d'étendards où éclatent çà et là quelques-uns
de ces visages d'incroyable beauté qui font
penser à un flot plus brillant du fleuve de la
vie, toute une cavalcade de fête qui accompagne de ses remous, indifférents comme la
nature, la marche douloureuse et la chute
du martyr.

La *Crucifixion* est dans l'ensemble une
œuvre moins saisissante. Les figures, quoique
belles encore, y ont peut-être moins de prix.
Tout est consommé ; à tant de tumulte et
d'agitation, succède une scène sans mouvement. Tous les regards, de tous les côtés de

la place agrandie, se pendent au visage du
supplicié qui expire et règne seul, très doux,
très haut, très pur, les bras étendus comme
pour bénir, au sommet de son immense croix,
que flanquent les deux gibets moins élevés
des larrons. Sa tête verse, noyée dans l'ombre
de sa chevelure, sur la poitrine qu'éclaire
un rayon oblique qui tombe des hauteurs.
Deux cavaliers, comme des témoins, attestent
l'importance des faits. Tout a la gravité,
le poids, le calme des choses accomplies.
Du peuple, rangé en demi-cercle au pied du
tertre, laissant vide le centre de la scène, il
ne sort pas un geste, pas un bruit, hormis le
sanglot de la mère qui glisse évanouie entre
les bras des femmes. Jean, debout, les yeux
attachés sur son maître, se tord silencieuse-
ment les mains. Une admirable jeune femme,
une de ces figures dont l'art italien a fait si
souvent ses madones, drapant son dernier-
né contre elle dans son châle, son autre
bambin serré contre son genou, belle statue
de la maternité, pareille à un arbuste en
fleurs, soupire et donne au moribond la
vague pitié de la femme heureuse. Hormis le
groupe des soldats qui jouent, au pied de la
croix, les hardes du mort, tout est étouffé,

muet, tout se passe à voix basse et en attitudes contenues comme dans une chambre mortuaire. Il tombe de la coupole une sorte de jour éteint, un crépuscule sourd que traverse seulement le rayon qui frappe la poitrine du mort. Derrière les figures sculptées, la fougue du peintre développe autour de la tragédie des ondes, des échos, un splendide désordre de cavalerie et de drapeaux, toute une armée cosmopolite, tout un Orient vénitien de Chosroès et de Sapors. Mais tout en haut, parmi les nuages de deuil, au milieu des lividités d'une lumière d'agonie, un flot de Séraphins, oiseaux de soufre et de sang, se lamentent et tourbillonnent à grands cris dans l'espace en détresse, avec des gestes convulsifs, comme une pluie d'orage, — aussi beaux dans la douleur que le sont dans la joie les éphèbes de Melozzo, jouant leur immortel concert de sistres et de tambourins, et je ne sais rien qui égale le lyrisme du vieux Gaudenzio, faisant gémir au-dessus des crimes de la terre le désespoir du ciel et les larmes des anges.

Les derniers actes se déroulent, la *Déposition*, la *Pietà*, les derniers chants funèbres de l'immense poème ; à chaque scène, le drame se dépouille de quelques personnages, de ses incidents, de sa foule, se réduit à un dessin intime. Enfin, les survivants, la mère même s'éloignent à leur tour, et le mort reste seul : le voilà dans le dénûment suprême, dans la simplicité, le silence et le désert du tombeau. Il faut y descendre avec lui. Une chapelle souterraine à voûte surbaissée, obscure, donnant quelque idée du caveau sur lequel s'élève la basilique du Saint-Sépulcre de Jérusalem ; une sorte de crypte circulaire à colonnes, avec des balustrades et un autel de marbres, dans des tons de deuil blancs et noirs ; et, sur l'autel, dans un cercueil de verre, toute nue et définitive, la figure rigide du gisant.

Comme je le reconnais tout de suite, ce cadavre ! C'est le même que j'ai vu toute ma jeunesse, dans mon vieux collège de la rue Notre-Dame-des-Champs ; chaque fois que nous montions à la chapelle, on passait sous cette barre, sous ce maigre corps étendu, avec sa bouche noire et ses étranges mains vertes, sous ce transi peint tout de son long comme sur une planche de cercueil (c'était, je l'ai su plus tard, une ancienne copie d'un

très fameux Holbein de Bâle). Cette cada-
véreuse image, cette tragique horizontale qui
nous faisait courber le front sous le joug de
la mort, cette cruelle vision des mystères du
tombeau qui a hanté toute mon enfance,
je les retrouve ici dans le Christ mort du
maître de Varallo.

La petite veilleuse dont je vois trembler
dans l'ombre la larme rouge m'avertit que
nous sortons du monde de la représentation
et de la curiosité, et que nous entrons dans
la zone de la foi et de la prière. Ce corps de
trépassé n'est plus seulement une œuvre
d'art : c'est une image de piété comme on
en voit partout dans les églises. Ou plutôt
cet objet se confond avec la réalité religieuse qui se cache au secret du tabernacle.
Il figure pour les sens ce que l'âme chrétienne adore dans le sacrement de l'autel.
Et comme c'est le Vendredi Saint, qu'aujour-
d'hui le tabernacle est vide, l'image demeure
seule l'aliment de la méditation.

Cependant, c'est ici la cellule initiale, le
germe primitif d'où est sorti ce monde de
figures, ce monde dramatique et plastique
que je viens de parcourir à la lumière du
jour, sur la scène du *Sacro Monte*. Tout a

jailli de ce sépulcre. Je vois par la racine la grande forêt d'art dont j'admire depuis des heures la complexe ramure. C'est par cette chapelle que le bienheureux Caïmi, imitant le contemplateur de l'Alverne, commença son ouvrage ; c'est ici que se recueillait saint Charles Borromée. Je songe à la pauvresse aperçue ce matin à genoux devant le drap mortuaire et les découpures en papier de Sainte-Marie-des-Grâces. La vie de l'Église depuis l'origine, qu'est-ce autre chose que la prière de cette pauvre femme? Un regret, une nostalgie, une rêverie sur un tombeau.

Je sais bien que la critique a changé tout cela. L'affaire du *nabi* galiléen, du doux agitateur poursuivi par la haine des prêtres et mis à mort obscurément sous le règne de Tibère, au fond d'une province écartée de l'Empire, se réduit maintenant pour quelques-uns à un fait divers imperceptible : une arrestation, un jugement sommaire, une exécution brusquée, étranglée entre chien et loup, à la sourdine, sans public, au milieu d'une ville endormie, comme on se débarrasse sans tambour ni trompette de deux ou trois vagabonds, une de ces besognes de police sur lesquelles on préfère ne pas attirer l'attention, et dont tout le monde ensuite a le droit de se laver les mains.

Quel rapport ce guet-apens sordide, tel qu'il apparaît à nos yeux dans son humble réalité, a-t-il avec la mise en scène et les déploiements de foules que je viens de contempler, cette pompe et ce retentissement qui prêtent au supplice même un air d'apothéose? Un petit fait insignifiant, que les auteurs sérieux rapportent en une demiligne, une chose de si peu de bruit, de si peu de volume qu'on a pu se demander si l'existence de Jésus est autre chose qu'une fable.

Oui, cet événement qui de loin domine tout, disparaît presque, s'évanouit lorsqu'on cherche à le saisir : effacé entre d'autres événements, d'autres idées, parmi des horizons et de nouveaux continents religieux, et surtout éclipsé tous les jours davantage par les intérêts matériels, le tourbillon du progrès et ce vertige toujours croissant de machines et de plaisirs.

Que devient au milieu de ce tohu-bohu le pauvre mort que voilà et le murmure de la voix qui nous venait de Galilée? Nous sourions des bonnes gens d'autrefois, pour lesquels l'histoire sainte était toute l'histoire et qui faisaient tenir cette histoire dans un jardin. Ils n'avaient pas tous les matins en pâture les nouvelles de l'univers, toute l'ordure de la veille en tartine sur le journal ; pas de bruits de moteurs pour leur parler d'évasions et de rapidités. Le cinéma ne venait pas jusqu'au fond des villages introduire sa trépidation et ses romans vulgaires. Ils n'avaient qu'une idée, une figure toujours la même qui les accompagnait du baptême à la mort, un ami qui se penchait pour consoler leurs peines et qui n'ignorait rien des secrets de leurs cœurs ; lui aussi, il avait souffert et la pitié de ses souffrances, le sentiment de nos péchés qui en étaient la cause, avaient formé la délicatesse de la conscience chrétienne. Ce trésor était commun à tous, aux pauvres et aux riches, aux illettrés comme aux clercs, permettait au plus humble sa part de la plus haute existence spirituelle. La méditation de cette pensée prêtait à la vie du chrétien quelque chose de sa profondeur et de son unité, un raffinement moral que nous ne soupçonnons plus. Quelle école

de sensibilité pour de longues générations
fut le récit et le spectacle de la Passion
de Jésus ! L'humanité qui ne possédait que
cette image était plus riche que la nôtre
avec toutes les conquêtes modernes ; elle
était moins savante, mais elle avait plus de
noblesse.

Allons ! Le jour s'avance, il est temps de
partir. Un sentier qu'on m'enseigne et qui
dévale la colline doit en moins de cinq
minutes me ramener à l'église, en évitant
le long circuit de Sainte-Marie-des-Grâces.
On appelle ce raccourci le chemin de la Madone. La Vierge en personne, dit-on, serait
venue à Varallo visiter la copie des Lieux
Saints qu'on y avait faite et attester la
ressemblance, comme là-bas, dans la vraie
Jérusalem, la tradition la représente, après
la mort de son fils, parcourant comme une
âme en peine les étapes naguère parcourues
par Jésus, gravissant son Calvaire, refai-
sant son Chemin de la Croix.
Toute la chrétienté, jusqu'à ma pauvre
vieille bonne femme de ce matin, s'est nourrie
de ce même désir, de ce même douloureux
amour. On parle de cette sainte Cathe-

rine de Montefalco, dans le cœur de qui on trouva, comme dans un diptyque, d'un côté une petite colonne de la Flagellation, de l'autre une petite croix imprimée dans les chairs. Tout le moyen âge ressemble à cette sainte. Je viens d'en voir la preuve sur ce *Sacro Monte*, comme si j'avais pu me promener tout un jour au milieu de ses visions, de ses rêves extériorisés.

Que penseraient nos délicats de cette esthétique étrange? Ai-je su dire qu'elle offre encore plus d'un trait qui émeut? Ai-je su dire qu'il est doux de sentir quelque part, au-dessus de la vie, ce théâtre de marbre et de verdures, théâtre de poésie, sans cabotins et sans paroles, shakespearienne, Acropole éternel Oberammergau.

CHAPITRE VI

On joue ce soir à la Scala le *Nerone* de Boïto. Le billet coûte trois fois ce qu'il m'en coûterait à Paris. J'empoche avidement ce coupon, qui me paraît un bon sur une soirée de bonheur.

Il y a de l'enfantillage à se donner rendez-vous avec le plaisir. S'il allait manquer de parole? Cependant l'attente est déjà un moment agréable. J'ai toujours aimé cet instant où cent souvenirs de moments pareils, à Vienne, à Dresde, à Rome, à Venise, se lèvent à la rescousse et font dans la mémoire le bruit de l'orchestre qui s'accorde avant le lever du rideau. Licence de rêver! Petite fièvre de liberté où rien ne se formule, où tout demeure encore possible. Cette rumeur de jeunesse m'accompagne dans les rues de Milan, le long des avenues modernes et commerçantes ou dans les quartiers d'autrefois, où sommeillent les façades des palais solennels.

J'ai peu de souvenirs à Milan, cent fois moins qu'à Venise, à Florence ou à Rome, mais qui ne croit y avoir vécu et en être un peu citoyen dès qu'il a lu Stendhal? Qui ne sait par cœur les premières pages de la *Chartreuse de Parme?* Comment passer devant le Dôme ou devant le portique Louis XVI de la Scala, sans que le cœur palpite d'un mouvement d'allégresse, rien qu'au souvenir des jeunes Français qui pendant quinze ans, de 1796 à 1814, éprouvèrent là toutes les ivresses de la gloire et de la folie? Mon expérience un peu froide de touriste et de critique, trop bornée à des impressions d'églises et de tableaux, s'accroît et se réchauffe du roman de ces camarades moins timorés devant la vie. Quand j'étais enfant, j'écoutais notre vieux jardinier, artilleur de Solférino, raconter la campagne de 1859, les trains tapissés de feuillages et l'entrée à Milan sous les arcs de triomphe, dans un délire d'amour, de baisers et de fleurs. Par là il me semble toucher à l'Italie française, à ces milliers de garçons émus, depuis Charles VIII, par le charme du ciel et le sourire lombard.

Tout cela me fait en marchant une musique tendre et militaire, sur des thèmes de guerre et d'amour que je n'entends qu'à Milan. Si je décrivais la ville, je ne manquerais pas d'indiquer cent nuances que j'aime, depuis la noble tristesse de l'antique saint Ambroise dans la solitude poudreuse de son morne faubourg, jusqu'à la châsse des Rois Mages et à la coupole enchantée de Foppa, et à cette façade de l'église *della Passione*, où Barrès a cueilli le titre somptueux d'*Amori et dolori sacrum*. Je n'oublierais pas l'éléphant à demi effacé sur un mur du château Sforza, ni le jardin mélancolique du Poldi-Pezzoli au bord de son léthargique canal, comme un bouquet se fane au corsage d'une femme qui s'ennuie.

Et puis, là-bas, toujours cette ligne flottante, cette crête des Alpes qui joue du violon sur mon cœur. Au bout de la plaine, ce château de glace semble un diadème, un bandeau sur le front, une couronne de fraîcheur autour du tiède et mol parterre de Lombardie. Le Dôme lui-même, si critiquable, prend un sens dans ce paysage : ce bloc neigeux, avec ses entassements d'aiguilles, sa folle broderie de givre sur fond d'azur, son invraisemblable fantaisie de lancettes et de guipure, n'est plus qu'une pyramide lyrique, un hymne, une Jungfrau de marbre, où l'artiste rivalise avec le Créateur et dresse en face de ses montagnes, comme un extrait de la patrie, cette cathédrale de gel.

Qu'importe si le bonheur que j'éprouve à Milan est fait surtout du passé d'autrui et d'images de bonheurs que je n'ai pas possédés? Qui possède vraiment ce qu'il aime? De la maîtresse la plus adorée, la seule chose qui m'appartienne est l'image que je me fais d'elle : de Métilde, qui fut la plus chérie des siennes, l'auteur de l'*Amour* n'eut jamais davantage, et elle lui fit connaître le bonheur de sentir. La moins vaine des vanités, c'est encore de savoir que nous n'avons à nous que notre âme et, sans cueillir la rose, de nous contenter du parfum.

On connaît le théâtre de la Scala : c'est peut-être le plus beau d'Europe. La phrase de Voltaire est toujours juste : « Les bonnes pièces sont en France, et les beaux théâtres en Italie. » Tous les nôtres sont surchargés. Le seul qui fasse exception, celui des Champs-Élysées, n'a pas eu le bonheur d'agréer au

public. Ces allégories de plâtras, ces Re-
nommées qui menacent de vous crouler sur
la tête, tout ce goût détestable continue
de nous paraître essentiel au théâtre et a
passé de l'Opéra aux cinémas de quartiers
populaires. L'attention de l'architecte a été
absorbée, en outre, par le soin de distinguer
les places chères et de mettre en évidence
les diamants et les perles des premières loges
et de la corbeille ; en réalité, il mélange
deux types différents, le théâtre en gradins
et le type à loges étagées, et le résultat a
toujours quelque chose de bâtard.

Les premiers théâtres italiens sont des
théâtres de cour qui reprennent simplement
le modèle classique de l'amphithéâtre. Le
modèle moderne de cuve à parois verticales,
de rotonde à étages de loges, est une forme
qui n'a prévalu qu'au dix-huitième siècle ;
elle est du temps de Goldoni et de Métas-
tase. Les deux théâtres qui firent époque,
San Carlo à Naples, la Scala de Milan (ce
sont les noms d'anciens couvents qui se
trouvaient là) sont à peu près contemporains
et datent des environs de 1780. Quand Beyle,
lieutenant de dix-sept ans au 6e dragons,
après la bataille de Marengo, dévoré de désir

et de timidité, venait s'enchanter ici en écoutant *il Matrimonio segreto* et cherchait des yeux la deuxième loge du second rang à droite, où trônait Mme Pietragua, le chef-d'œuvre de Piermarini, achevé depuis vingt ans, se trouvait dans toute sa nouveauté.

La salle est blanc et or, de la plus grande simplicité, sans colonnes, sans saillies, sans aucun de ces ornements destinés à se faire remarquer ; rien de meilleur ton que cette grande blancheur donnant par elle-même une impression de lumière, de politesse et de dignité. Six rangs de loges uniformes, séparées par des colonnettes, et à chacune desquelles des rideaux de damas rouge prêtent un air de petit salon : on dirait une grande place en forme d'œuf, avec deux cents fenêtres exactement pareilles, où paraissent les deux cents femmes de la bonne compagnie de la ville. Pas un trait ne trahit la structure de l'édifice, tout l'esprit de l'architecte a été de s'effacer ; la décoration consiste en quelques motifs de médaillons et de palmettes, dans le style ciselé de Thomyre, qui font l'effet de bijoux dans la toilette d'une jolie femme. Tout cet ensemble n'est qu'une grande boiserie blanche, un

échafaudage de fête, sans architecture visible, avec ses six balcons, ses six étages
d'anneaux parfaits, couverts d'un dais blanc
comme le reste, brodé des mêmes motifs
et des mêmes palmettes. Deux points seuls,
se faisant face dans l'axe de la salle, la loge
royale au-dessus de l'entrée du parterre et
le portique d'ordre colossal qui encadre la
scène, déterminent deux centres d'intérêt,
dont le second est manifestement le principal.

Un tel théâtre est à peu près inconcevable
en France ; il suppose une ville comme Milan,
dont la grande affaire est la musique. Jadis
les Milanais, toute vie politique leur étant
interdite, n'avaient plus, en dehors de la
cour à faire aux femmes, d'autre occupation
que l'Opéra. L'Opéra était le seul lieu public,
le seul foyer commun pour la bonne société
en dehors de l'église. C'est là que les Milanais avaient mis leur esprit national. C'était
là leur patriotisme, leur véritable affaire
d'État. Il y allait à la fois de leur gloire et
de leurs plaisirs.

Il existe à Paris un public de musiciens,
mais aucun Parisien ne fait de l'Opéra une
question de drapeau. C'est tout au plus

affaire de convenances mondaines. On n'y trouve pas, comme à Milan, une société de patriciens, de marchands, moins encore une municipalité, tenant une subvention à l'Opéra pour une sorte de devoir civique ; il n'est indifférent à aucun Milanais que Milan demeure avec Naples une capitale de la musique. C'est là pour chacun à Milan un point d'honneur. Il va sans dire que l'honneur exige dans ce cas égalité parfaite : les questions d'amour-propre, dans une ville où tout le monde se connaît, seraient la cause de querelles sans fin. De là l'uniformité de toutes les loges *(palchi)*. Les plus recherchées sont celles du second rang. Quelques familles occupent la même depuis la fondation. On fait pour les garder les plus grands sacrifices. M. le comte Gallavresi me disait que la sienne lui coûte par an 32 000 lires. Aussi une loge est-elle partagée le plus souvent entre plusieurs titulaires, qui l'occupent à tour de rôle les différents soirs de la semaine. Un fauteuil d'orchestre *(poltrone)* se loue pour un soir 150 lires. A ce prix, la Scala a réussi à surmonter la crise qui a suivi la guerre. Il en a coûté 6 millions (1er mai 1924) pour monter le seul opéra de *Nerone;* la Scala est peut-être seule aujourd'hui à engager un tel enjeu sur une affaire musicale. Songez que *Nerone* pouvait être un *fiasco;* et la circonstance d'un chef-d'œuvre attendu depuis cinquante ans rendait l'épreuve dangereuse.

Voilà plus de vingt-cinq ans, en effet, que je connais le poème d'Arrigo Boïto, que m'avait signalé une conversation enthousiaste d'Édouard Rod et de Vogüé. Tous deux, l'un avec sa manière réservée et prudente (c'était le Genevois), l'autre avec sa grosse voix et son « creux » du Midi, dans la barbe pleine de trémolos (c'était le diplomate), renchérissaient d'épithètes sur la tragédie de leur ami. A les en croire, on n'avait rien écrit de pareil depuis *Britannicus.* Je me méfiais. Trop de louange inquiète. Un peu plus tard, je vis à New-York le premier ouvrage du poète-musicien, son *Mefistofele,* que jouait Chaliapine. C'était une pièce déjà ancienne, puisqu'elle remontait à 1872. J'avoue que je ne m'y plus guère. L'idée de faire un drame unique avec le double poème de Gœthe me paraissait une entreprise au-dessus du théâtre. Le Mystère du Jupiter de Weimar ne se laisse pas si aisément ramener à l'unité. Sa partie romantique et sa partie classique représentent deux systèmes peu conciliables de l'univers. Comment accorder la double vision de l'adolescent et du vieillard?

Le jeu de Chaliapine exagérait ce défaut. Ce grand comédien dans tous ses rôles, excepté les rôles russes, a le tort des virtuoses : il tire l'effet à lui, il détruit la partition plutôt qu'il ne la sert. L'acte d'Hélène me parut faible. Wagner était mon dieu. La mise en scène du *Metropolitan* me sembla misérable. Je me rappelais le début divin du troisième acte d'*Orphée*. Je sens bien que j'étais injuste, mais non pas plus que l'auteur lui-même, qui a répudié son œuvre de jeunesse. Je donnerais beaucoup pour renouveler l'expérience et pour entendre certains chœurs d'une mélodie câline ayant la mollesse de la vague qui brise languissamment sur la grève de Sorrente.

Depuis cet ouvrage, Boïto observa le silence et ne donna plus au public que les poèmes des derniers opéras de Verdi et sa tragédie de *Nerone*. Le texte parut en 1901. Boïto

est mort pendant la guerre, sans avoir achevé
la partition ; jamais sa musique ne conten-
tait cet auteur difficile. Celle du dernier
acte, qui devait couronner l'ouvrage, ne fut
jamais écrite. Exemple de scrupule rare chez
un homme qui avait connu à vingt-cinq ans
le succès mondial et vécut ensuite un demi-
siècle pour polir dans la retraite le chef-
d'œuvre qu'il ne termina pas.

Le sujet du poème est l'incendie de Rome,
c'est-à-dire un des plus grands qu'on puisse
se proposer. Même on ne lui voit guère d'autre
défaut que d'être trop grand. L'auteur de
Mefistofele inclinait à ces entreprises qui
découragent. C'est un peu le sujet des *Martyrs*, mais placé à une autre époque : la rencontre de deux mondes, l'un qui finit, l'autre
qui commence ; le paganisme qui s'abîme
et le christianisme qui s'élève, l'étoile du
matin et l'étoile du soir ; la vieille Rome
envahie par les cultes de l'Orient, en train
de se dissoudre aux souffles venus d'Asie ;
les sceptiques et les imposteurs, Simon le
Magicien et ses mystifications et, parmi
tant de choses impures, la religion divine
de la tendresse humaine ; la douceur de
vivre et la folle cruauté ; l'amour profane,

l'amour sacré, la chanson de Lalagé et le chuchotement des roseaux du lac de Génésareth ; l'épicurisme, le caprice sans mesure, le meurtre, les jeux du Cirque, la démence incendiaire, une sorte de *Crépuscule des dieux* qui se résout en une aurore ; et, dominant tout ce tableau, la figure trouble, infâme et frénétique de Néron.

Il y a longtemps que le fou tragique qui fut le fils d'Agrippine est une des énigmes de l'histoire. Les chrétiens ne s'expliquèrent ses crimes qu'à la lueur de l'Apocalypse : il est pour eux le génie du Mal, la Bête, l'Antéchrist. Racine peint le monstre naissant. Dans un paradoxe célèbre, Renan porte un diagnostic différent. Néron est à ses yeux un cas de bovarysme, une perversion littéraire. Le mauvais goût mène au crime. Donnez à un mauvais acteur, à un esprit né de travers, naturellement biscornu, ayant en tout le goût du faux, dominé par la passion de la publicité et de la gloire, donnez à ce malheureux l'empire du monde et le pouvoir inhumain de réaliser toutes ses fantaisies, vous aurez un Néron. Néron est un exemplaire, porté à une échelle de grossissement démesuré, de la maladie romantique. Cette explication a été popularisée par le roman de Sinkiewicsz. Il était permis à Boïto d'en concevoir une autre. C'est le droit du poète de rêver à ces grandes figures, funestes ou bienfaisantes, qui composent la légende de l'humanité. Chacun, s'il en a le génie, peut nous proposer son portrait de César, de Jeanne d'Arc, de Napoléon, comme tout comédien est le maître de tenter son interprétation d'Othello ou d'Hamlet, d'Alceste ou de Tartuffe. Aussi longtemps que ces grands rôles vivront dans la mémoire des hommes, on ne risquera pas d'en épuiser le sens.

Boïto ne s'explique pas sur les premiers crimes de Néron. Il le prend déjà parricide ; c'est Oreste ayant tué sa mère. On soupçonne seulement Tigellin d'avoir machiné le coup, afin d'assurer son pouvoir. C'est le point de départ de la tragédie. On voit le malheureux victime de son forfait, le déséquilibre produit par le sentiment de son sacrilège : maudit, épouvanté de lui-même, jouet de la panique, fuyant la colère des dieux et de sa mère, Néron erre çà et là, poursuivi par les Furies. Son crime le possède et peu à peu le détruit. La littérature, la gloriole, la vanité de l'artiste manqué et gâté par les adulations sont des traits bien marqués par le poète, mais ces travers sont loin d'être le seul ressort de la pièce. Néron est ici tout autre chose qu'un méchant histrion. Il ne manque pas d'esprit ; il y a en lui un charme dangereux qui agite les femmes. Ce monstre sanglant est aimé. Dernier d'un sang impur et d'une race forcenée, son âme délirante et superstitieuse cherche en vain le repos : trompé par des fourbes qui l'abusent et qui se jouent de sa douleur, spéculent sur son amour du mystère et de l'infini, saisi de colère à la vue de la bassesse humaine et du néant des dieux, sa révolte le rend formidable. Il se venge du ciel et de la terre. Le démon de la toute-puissance et de la cruauté se déchaîne. Il se sent placé par son crime et par l'impunité en dehors et au-dessus de l'humanité. C'est un fou qui, au son de la lyre, tandis que Rome brûle, se joue à lui-même les fureurs d'Oreste.

Ce personnage de détraqué, plein d'ombre et de contrastes, passant en un moment de la terreur à l'exaltation, de la ferveur au sarcasme, du mysticisme au sacrilège, ce type de neurasthénique, en proie à toutes

les violences d'une âme jetée hors des gonds
par un acte impie et livrée désormais à
toutes les incohérences, vaut bien le sinistre
bouffon et le mauvais rhéteur que nous a
peint Renan. Le héros de Boïto intéresse
parce qu'il n'est pas insincère ; il ne feint
pas de jouer un rôle. Son drame est intérieur.
Ce qui paraît surtout bien vu, c'est le côté
religieux de cette âme tourmentée : préoccupé
d'expier un crime, de rentrer en grâce avec
le Ciel, tourmenté d'une soif que ne satisfait
plus le formalisme romain, il s'adresse à des
cultes nouveaux qui lui promettent plus que
ne peut donner la froide religion des augures.
Il s'aperçoit de leur mensonge. C'est alors
qu'il éclate et perd toute mesure. Il entre
dans son désordre le désespoir de l'homme
qui a connu le vide des idoles et la duperie
du sacré.

Peu de choses plus belles que la première
scène du premier acte. Le rideau se lève sur
le décor de la campagne romaine ; la nappe
lactée du clair de lune baigne cette solitude peuplée de cyprès et de tombeaux.
Dans l'orchestre palpitent par intervalles les
motifs incertains de la nuit. Musique faite

de soupirs, de murmures et surtout de silence.
Rarement moins de matière, moins de bruit,
chose plus impalpable, plus diaphane et
plus harmonieuse que cette rêverie à peine
écrite et cette espèce de vide sonore (le
mot, je crois, est de Bellaigue). Les notes
s'espacent comme des lueurs d'étoiles dans
la sereine clarté lunaire. Il circule dans cette
atmosphère des fils de mélodies. Des bouf-
fées de chansons, des refrains d'amour, des
flocons de Properce et de Catulle, des voix
à l'état de vapeur, ce qui flotte toujours de
délices dans le calme d'une belle nuit romaine, passent çà et là sur la campagne,
comme un souffle dans les feuillages et une
caresse sur les tombes. On ne peut rêver,
en quelques touches discrètes, d'un plus
beau paysage musical.

Quelques mesures agitées annoncent le parricide. Il vient en suppliant, couvert de
cendre et de bure, portant l'urne maternelle,
implorer par un sacrifice la paix et le pardon.
Tigellin l'accompagne. Un troisième personnage les attend : c'est Simon le Magicien,
occupé à creuser une fosse et prêt à célébrer le rite expiatoire. Tigellin a monté avec
lui cette comédie pour guérir César de ses

idées noires. La conjuration commence. Il serait trop long d'expliquer comment une bohémienne, Astéria, jeune charmeuse de serpents, éprise en secret de Néron et qui joue un peu dans le drame le rôle de Kundry dans *Parsifal*, vient errer parmi ces tombeaux, attirée peut-être par l'amour. Néron l'aperçoit, recule d'horreur : il a cru voir dans la sorcière la Furie qui le hante. Il s'enfuit en poussant un cri. Simon entrevoit le parti à tirer de la jeune femme : il la persuade de venir dans son temple jouer le rôle d'Astarté, le rôle de l'Immortelle, de l'astre féminin qui se cache et sourit tour à tour, croît et décroît parmi les nues, inspire les désirs et qui assurera au coupable le sentiment de la bienveillance et de l'amitié célestes.

Je passe sur les scènes suivantes, qui introduisent dans cet acte les motifs chrétiens, le personnage de Phanuel, surtout celui de Rubria, la petite Vestale violée par Néron, jeune blessée d'amour qui aspire à être une sainte et vient en secret avec l'aurore effeuiller des roses et des prières sur les tombes des martyrs ; car sur le lieu de la scène se cache l'entrée d'une catacombe.

La prière de la jeune fille, ce « Notre Père,
qui êtes aux cieux » de la nonne païenne,
l'inflexion naïve et légère de la voix sur ce
vers :

Fà ch'io riveda quel che m'abbandonna!...

le dialogue des deux femmes :

Anima che sospiri, sorgi e spera,

sont des choses d'une sensibilité ravissante ;
c'est un soupir, à peine un frémissement
musical, une pudeur passionnée ; on croit
voir flotter le duvet tombé du vol d'un ange.

Néron rentre, toujours tremblant, poussé
en scène par Tigellin. Il veut fuir, disparaître,
renoncer à l'Empire ; repoussé par les dieux,
il ne sera plus dans le monde que le poète
vagabond et le chanteur errant, le joueur
de lyre qui désarme le destin, échappe aux
coups de la fortune. Il est sur le point
d'abdiquer. Mais Tigellin a prévu cet accès
de dépression. Il joue une nouvelle carte,
celle de l'orgueil et de la pompe. Néron a
peur : il n'ose rentrer à Rome, où il se croit
menacé par les lois, devenu un objet d'horreur. Tigellin lui fait voir qu'il est encore
populaire. Il a organisé le triomphe de

Néron. L'homme traqué, lâché, le fuyard qui
tout à l'heure se voyait vomi et lynché par
la foule, assiste à son apothéose et va rentrer à Rome dans toute la pompe des Césars.

Il est impossible de donner l'idée de
cette scène. Les mots ne sont que des
mots : il faudrait des phrases qui fussent
à la fois formes, couleurs, sons, rythmes,
tableaux, statuaire, vision, timbres, musique.
Il faudrait un orchestre de vocables, une
palette de verbes en état d'exprimer le concert de cent instruments, les voix, les masses
des chœurs, la foule, les costumes, le paysage,
les effets d'un lever de soleil sur une armée,
la danse, la lumière, toute une symphonie
multiple, un univers d'images plastiques
et sonores, dont le nombre et le détail
échappe et dont le démon qui le dirige
et le crée à mesure est le génial Toscanini.

Je sens bien que je tente une partie inégale, une de ces transpositions qu'il ne faut
jamais faire, parce qu'elles excèdent les
moyens de la littérature. La chose écrite
n'est pas faite pour lutter avec avantage
contre le flot des choses sensibles. Que peut
l'énumération la plus évocatrice, s'il s'agit
de produire au lecteur l'impression d'un

spectacle et d'imiter pour son esprit ce qui devrait frapper ses organes? Je pourrais aligner les suites de syllabes les plus colorées, réaliser les tours de force descriptifs d'un Flaubert, qu'il manquerait encore à ma page la puissance de propulsion, l'immense ébranlement physique de la musique.

Tout le monde connaît les marches, ce genre de morceaux décoratifs qui entraient, au même titre que l'ouverture et le ballet, au nombre des conventions de l'ancien opéra ; celles du *Prophète*, de *la Juive*, de *Tannhäuser*, d'*Aïda* sont fameuses et connaissent la gloire des rengaines. Ces grands lieux communs du théâtre ne sont d'ailleurs pas à confondre avec les chefs-d'œuvre de la musique expressive, avec l'héroïsme de la marche de *la Damnation* ou avec l'éloquence funèbre de celle du *Crépuscule des dieux*. Ce sont des hors-d'œuvre entraînants qui font toujours, dans les opéras où ils se trouvent, un effet de placage et dont le sort, en effet, est d'en être retirés pour faire le bonheur des chefs de musique militaire et des dimanches bourgeois sur le mail des provinces.

Je serais étonné que la marche de *Nerone* connût jamais le même honneur, ou qu'elle eût le même défaut ; je doute qu'on en fasse un extrait, un morceau de concert, ou alors elle perdrait plus des trois quarts de son effet. Elle ne se détache pas de l'ensemble plastique auquel elle colle comme la draperie aux membres de la statue. Elle ne se conçoit pas sans les mouvements qu'elle accompagne. Peut-être avais-je les yeux trop occupés pour démêler sur le moment la structure musicale ; mais il m'a paru que l'auteur évitait soigneusement l'appareil classique du sujet, la rhétorique pompeuse, le développement d'un thème qui passe tour à tour par tous les timbres de l'orchestre. Le dessin, le motif variaient à tout instant ; le flot se renouvelait et changeait de nature à mesure que de nouveaux groupes de figures entraient, par le déclenchement de nouveaux groupes sonores, qui venaient se fondre à leur tour dans le torrent orchestral ; les chœurs, les acclamations, les agitations diverses de la foule s'ajoutaient à la masse et y provoquaient de nouveaux remous. Au lieu d'une sorte de bloc sonore, c'était quelque chose de multiple, d'enchevêtré et d'ondoyant, une hydre glissante, à mille nœuds, dont il n'était possible de percevoir que l'élan sans en distinguer les écailles. Enfin, tout ce passage de forces musicales n'est que la scène qui sert de fond à un combat qui se livre au premier plan dans l'âme de Néron. Il ne cesse pas un instant d'avoir une valeur dramatique : Néron, qui se trouve là masqué, perplexe, hésite, tarde, diffère de se faire reconnaître, jusqu'au moment où la dernière vague, le dernier *crescendo* des ovations qui l'entourent, emporte sa dernière résistance.

Tigellin a bien fait les choses. Monté sur un tombeau, au signal de son mouchoir rouge répondent, dans le lointain encore obscur de l'aube, du côté de la ville invisible, des sonneries de trompettes. Brusquement, trois cavaliers numides, lancés sur la voie Appienne, traversent la scène au galop, comme un nuage étincelant de phalères et de cuirasses, balayant la chaussée de leurs poitrails et de leurs crinières. Après cette trombe, qui laisse un vide de stupeur, le peuple, avec des cris, commence d'envahir la scène, et voici apparaître la tête du cortège.

On connaît les cartons illustres du Louvre et d'Hampton-Court, ces triomphes de César

et de Scipion qui, de Mantegna à Jules
Romain, sont un des thèmes classiques de
la Renaissance italienne. Vous rappelez-
vous ces défilés de soldats et de légionnaires,
cohortes par cohortes, manipules par manipules, les triaires pesants, les *hastati* hérissés
de piques, les *principes* armés du glaive, les
vélites, les frondeurs, les bagages, la cavalerie, les éléphants? Vous rappelez-vous ces
chars de trophées, de boucliers, de casques,
d'équipements, de statues, d'autels et de
dieux prisonniers, gerbes d'une moisson de
fer? Entendez-vous le pas des colonnes,
la fanfare des buccins, le beuglement des
trompes, le sifflement des flûtes?

Imaginez cette frise, non plus immobile,
mais mouvante, cette espèce de muraille
humaine, ce bas-relief romain qui vit et qui
s'avance : d'abord la Garde, les hommes
d'airain qu'on appelait les prétoriens, couverts d'une veste de cuir et qui avaient
le privilège de ne pas porter d'outils et de
former toujours la pointe d'avant-garde ;
puis des collèges de prêtres escortant un
chariot chargé d'une statue d'or ; des dépu-
tations du Sénat, ornées du laticlave ; des
mimes, des acrobates, les consuls que pré-

cèdent les licteurs. Une troupe de danseuses
de Gadès, vêtues des voiles légers de la
pourpre de Cos, trace une ronde élégante
qu'accompagne le son des crotales et des
bracelets d'or qui tintent à leurs chevilles.
L'immense procession se décompose en épisodes semblables à la série des métopes
d'un temple.

La foule continue de submerger la scène :
matrones, enfants, esclaves, affranchis, marchands, curieux de tout âge et de toute
condition, avec cet empressement, cette con-
tagieuse ivresse qu'on observe dans le peuple
quand, oubliant le sujet du spectacle, il se
devient spectacle à lui-même. Par moments,
l'armée qui défile dans le fond du théâtre
devient presque invisible derrière la cohue
des têtes et des corps ; on ne voit émerger
que les bustes et les crêtes des casques des
cavaliers. A d'autres moments, la masse
s'écarte et par la déchirure passent de nouvelles décuries : Germains énormes, Gaulois,
Rhètes, Barbares équipés de haches et de
crocs, Grecs armés de poignards, archers
indiens, Nubiens féroces vêtus de peaux de
panthères, vive cavalerie berbère, assise
sur ses petits chevaux comme l'oiseau de

vol au poing du fauconnier. Trois filles demi-nues filent en se donnant la main le long d'un bataillon, se coulent dans la foule aux flancs du monstrueux python et disparaissent en riant comme un éclair de volupté.

Au moment où la litière approche, escortée de sa cour de dignitaires, de porteurs, de chambellans et de citharèdes, il y a plus de mille personnes en scène, choristes, figurants, acteurs, *tutto il bataclan*, comme disait Verdi, et cela forme un tourbillon de sons et de couleurs qui passe tout ce qu'on se souvient d'avoir vu au théâtre. L'art de Wagner, avec ses immobilités fatales, ses personnages pétrifiés qui se taisent dans des silences sublimes tandis que l'orchestre se lamente ou se déchaîne, paraît soudain d'une abstraction terrible, aussi insoutenable que la peinture de David. J'observe, pendant toute cette scène, le jeu de Toscanini. De ma place, qui n'est pas un fauteuil à 150 lires, j'ai le plaisir de voir ses mains qui se dessinent en ombres chinoises sur le cahier de la partition. J'ai vu conduire Weingartner, Mottl, Richard Strauss, Mengelberg, Honegger : je n'ai jamais vu de mains pareilles à celles de Toscanini. De vraies mains diaboliques, plus souples et brisées du poignet que celles d'un pianiste, des mains tellement articulées, tellement mobiles dans leurs jointures et dans toutes leurs phalanges, qu'elles paraissent avoir deux fois plus de doigts que les nôtres : chacun de ces doigts électriques commande aux divers instruments, aux cordes, aux touches de chaque flûte et de chaque clarinette, aux groupes de choristes et de chanteurs sur la scène, communique sa volonté, injecte son fluide aux nerfs de mille exécutants ; ainsi la main gauche détaille, tandis que la droite tient les rênes et dompte les ensembles, que le corps et la tête impriment les mouvements et insinuent les nuances. Tout semble partir de sa personne, et peut-être cet acte inouï serait-il inexécutable sans ce Paganini de l'orchestre.

D'impression pareille, je ne trouve dans ma mémoire que celle des ballets russes, les premiers ballets russes, ceux de 1908-1910, avant que les esthètes s'en mêlassent et fissent dégénérer le genre en un nouvel académisme. Je me rappelle la merveille barbare du *Prince Igor*, la féerie de *Shéhérazade*, le délire de *l'Oiseau de feu*, les foules de *Boris*. C'était un monde nouveau de formes et de rythmes, tous les enchante-ments de l'Orient, une fantaisie inimitable, avec une délicieuse perfection de style : c'était tout l'art d'un peuple enfant, qui avait conservé ses traditions et sa jeunesse ; cela se découvrait tout à coup comme une nappe de poésie. Par des moyens tout diffé-rents, cet acte de *Nerone* me donne la sen-sation de vérité que je n'ai plus retrouvée depuis la première de *Boris* joué en russe par des acteurs russes, je veux dire cette sensation complète de nature, qui fait que l'on oublie les planches et même toute idée d'artifice et d'imitation. L'illusion est totale, et la représentation est égale à la vie.

Enfin, j'ai une idée des ballets de Vigano. Jamais je n'avais pu m'expliquer la folle admiration de Beyle pour cet auteur, le premier homme du monde en son genre, disait-il, l'égal de Canova, de Rossini et même, ajoute-t-il dans ses moments d'en-thousiasme, le rival de Shakespeare. On sent bien que ce fanatisme, de la part d'un idéologue, ne s'adresse pas à un sauteur, à un faiseur de pirouettes. Ces ballets de Vigano, il est malheureusement difficile de se les figurer : merveilles sans mémoire, le génie de leur créateur disparaît avec lui. Sa grande invention est une sorte de pantomime, de tableau historique ; c'était un magicien, dont le talent spécial était la résurrection. A son ordre, les civilisations, les fables, les empires sortaient de leurs tombeaux ; les siècles surgissaient de la poudre, les lointains accouraient ; les Alhambras et les Caprées, les Suse et les Persépolis venaient s'inscrire obéissantes sur la scène de la Scala.

Cet art du scénographe, bien différent de celui du danseur, ne fut jamais poussé plus loin qu'il l'a été sur ce théâtre. Il faut voir les maquettes des Galliari et des Ferrario, feuilleter le recueil de Sanquirick, cet autre maître si vanté de l'auteur de la *Vie de Rossini*. A voir ce magasin de décors, à évoquer ces douze ou quinze ans de ballets donnés à la Scala de 1812 à 1826, c'est-à-dire à peu près ceux qu'a pu voir Stendhal, la *Sémiramis* de Rossini, *les Croisés en Égypte* de Meyerbeer, *Marie Stuart, le Comte d'Essex* ou *les Deux Wladimir*, surtout les œuvres de Vigano, *les Strelitz, Alexandre aux Indes, Psammi, Otello, l'Épée de Kenneth*, on voit se lever tour à tour Memphis, les Pyramides, les

palais et les temples de Jaggernath et de
Benarès, les bruyères d'Écosse, Venise et
l'Orient, Moscou et la Russie ; la grandeur
du monde impérial se mesure à l'agrandis-
sement des rêves produit par Napoléon, à
la somme dont il accrut notre répertoire
d'images. Les grands vers de Hugo :

En passant par Cadix, par Berlin et le Caire...
Ce n'était pas Madrid, le Kremlin et le Phare...

chantent dans la mémoire. On comprend
l'orgueil de Stendhal, retrouvant sous ses
yeux, dans l'Europe de la Sainte-Alliance,
l'héroïsme de Bonaparte devenu poésie et
le romantisme rapporté dans les bagages de
la Grande Armée.

La Scala est peut-être un des plus beaux
endroits du monde pour rêver à cette légende
de l'épopée française. Thèmes d'amour et
de batailles, villes et paysages, minarets,
beautés qui se rendent ! Je songe à Beyle,
reconnaissant avec délices l'odeur de fumier
des rues de Milan, l'odeur du temps de sa jeunesse où, dans l'état de Chérubin, se berçant
de sentiments tendres et mélancoliques, il
adorait Angelina et vivait *casa Bovara sul
Corso di Porta Orientale.*

Aujourd'hui, les Mario Sala, les Marussig, les Songa, les Rovescalli ont hérité de l'art des Noverre et des Vigano, des Galliari et des Sanquirick, enchanteurs « qui créèrent la volupté » et imaginèrent les chefs-d'œuvre du ballet expressif. Ces décorateurs sont peut-être les derniers grands peintres de l'Italie. Ils ont l'esprit de parler leur langue naturelle. Avec leurs toiles et leurs châssis, ils construisent des mirages et des féeries d'un soir ; ils dédaignent l'aride école de nos fauves et de nos cubistes. Ils savent que le théâtre est l'empire de l'illusion, et se servent de leur science pour aider à leurs prestiges et offrir à nos sens heureusement trompés des fresques vivantes aussi charmantes que celles des Véronèse et des Tiepolo.

Le quatrième acte de *Nerone* n'est peut-être pas le plus beau ; la musique n'offre plus la finesse du second acte, le mouvement et le désordre de l'invocation de Néron à la femme qu'il prend pour une déesse. Cette page pleine de fièvre et de trouble, qui commence en rampant et s'élève par degrés à une rage de l'infini, est le sublime de la peinture musicale ; une âme funeste y vit et s'y meut tout entière.

L'acte du Cirque est naturellement plus extérieur, mais l'effet en est prodigieux. La scène représente le vestibule de l'amphithéâtre : des murailles colossales, de monstrueuses parois abruptes, faites de ces blocs écrasants qu'on voit au Colisée et au théâtre de Marcellus, développent par leur seul aspect l'impression d'une majesté funèbre et triomphale. Des arcs géants s'ouvrent dans ces masses et s'encadrent de piédestaux qui supportent les groupes fameux des artistes de Rhodes; le couple équestre des Dioscures et l'énorme machine, la catapulte de marbre du supplice de Dircé, qu'on appelle le Taureau Farnèse. Tout exprime un mélange de gloire et de puissance fatale, la pompe et je ne sais quel vague effroi, et la monumentale terreur et les ombres de Piranèse.

Et dans ce cadre, quelle mise en scène ! Toute l'effervescence des coulisses d'un théâtre : clameurs, foules qui entrent et sortent, paris, gagnants, perdants, factions et cabales, colères, acclamations, arrivants qui viennent lire l'affiche du programme; un quadrige vainqueur à deux paires de cavales blanches débouche de la piste et s'arrête aux mains des palefreniers avec le

13

mouvement ralenti d'une balle à bout de
course ; on voit sortir de leur *cella* et se
diriger vers l'arène une escouade de ré-
tiaires et de gladiateurs, masqués de fer,
armés de crocs et cuirassés comme des
crabes ; des esclaves, au bout d'un moment,
rapportent sur des civières les déchets du
combat et jettent par une trappe les cadavres à l'égout. Cette suite de jeux de scène
rapides et muets est d'une force incroyable.
Pour quelques secondes on s'évade de la
prison du temps ; on n'est plus au théâtre,
ou plutôt le spectacle de la Scala et celui
de l'Oppidum, le songe et le réel se con-
fondent : nous sommes des spectateurs des
jeux, aux siècles des Césars.

Pendant ce temps, Néron est en scène et
se dispose à gagner sa place sur le *podium*.
L'acteur qui joue le personnage, Aureliano
Pertile, est un de ces comédiens de l'école de
Rossi, d'Ermete Novelli ; avec sa tunique de
pourpre violette brodée et lamée d'or, ses
cothurnes, sa tête fardée à triple étage de
boucles rousses, il offre quelque chose d'effé-
miné et de tragique, un mélange du lion et
du petit-maître, cette louche et fantasque
figure qu'exprime son sobriquet d'Æno-

barbus ou de « Gueule d'or ». Il s'agite, il ordonne, grimace des sarcasmes et des arrêts de mort : il dispose des supplices comme du spectacle de sa toute-puissance. Le monde, entre ses pattes redoutables, n'est plus qu'une pelote que déchire un chat en colère. Évidemment, l'oreille n'a plus le temps de distinguer ici le sens de la musique. L'orchestre n'est perçu pendant cet acte que comme une tempête. Le détail des phrases ne compte plus ; on ne sent qu'une exaltation croissante, un délire qui s'accélère et culmine en furie. Simon le Magicien qui s'est engagé à voler se voit condamné à tenir parole et voué à l'épreuve d'Icare. Pour le sauver, sa complice Astéria promet de mettre le feu au Cirque. Néron averti presse les choses : si Rome brûle, tant mieux ! Mais auparavant, jouir des morts attendues et ajouter à cette jouissance l'angoisse d'une surprise et d'une catastrophe, le plaisir d'abîmer ensemble spectacle et spectateurs, d'être seul dans le secret et d'agir à la façon des dieux, en faisant suivre la mort d'une résurrection :

> *Cio ch'io struggo*
> *Risorge. Il mondo è mio! Pria di Nerone*
> *Nessun sapea quant'osar puo chi regnaı.*

Poussé par les bestiaires, le cortège des martyres promises au supplice de Dircé traverse lentement la scène comme un troupeau de génisses que conduisent des bouviers. Néron refuse leur grâce et s'engouffre dans le *podium*. Les chrétiennes pénètrent dans le Cirque en chantant, comme dans une église s'avance un cortège nuptial. L'émotion est à son comble. Cependant, sortant du théâtre, entourée d'un essaim d'adorateurs, une gitane de Cadix, brillante sous ses gazes diaphanes, telle qu'un rayon matinal se joue à travers les vapeurs sur les crêtes d'un ruisseau, s'éloigne en dansant à la musique des triangles et des tambours de basque, tandis qu'un de ses amoureux accompagne sur la double flûte le pas de la fille d'Andalousie.

Je ne sais si je rends cette succession d'images, cette pantomime, ces chars, ces gladiateurs, ce mélange de l'esthétique et d'un art de tortionnaires, ce contraste de la grâce chrétienne et de la grâce païenne. Ce qui frappe, c'est ce qu'un pareil drame a de national. Peut-être serait-il incompréhensible à Paris. Quand on l'y transporterait avec son luxe de décors, de mise en scène et de figurants, il y manquerait encore l'élément essentiel, cette atmosphère d'une chose vivante dans la conscience d'un peuple. Un tel drame, qui partout ailleurs ne serait peut-être qu'un vain amusement de pédants, tout au plus un divertissement dans le style des Quat'z-Arts, respire ici dans son véritable climat, projette sur la scène le rêve profond d'une race, la tradition d'une foule nourrie dans le souvenir des spectacles et des jeux.

Une représentation de *Nerone* fut donnée il y a quelques mois dans les arènes de Vérone : quel cadre pour cette tragédie ! En Italie, le décor de l'antiquité n'est jamais sorti tout à fait de la vie ; il est encore contemporain, il demeure présent aux actions du peuple qui circule tous les jours dans sa lumière et dans son ombre. Quelque chose de ces débris souverains se dessine toujours au fond des âmes comme dans le paysage et leur prête sa forme comme font les traits permanents de la nature.

La courtisane étrangère laisse sur le théâtre charmé la trace de ses grâces légères comme un parfum qui s'évapore. On entend à l'orchestre le cantique chrétien s'éteindre. Mais voici que par le portique pénètre une incertaine fumée. Quelques secondes s'écoulent et une nouvelle bouffée de mauvais augure rampe comme un sournois reptile. Tout à coup le théâtre s'assombrit. Une épaisse vapeur envahit la scène. Une clameur étouffée monte derrière le théâtre. Quelques spectateurs se précipitent par les bouches du vestibule ; bientôt c'est un sauve-qui-peut, une débâcle de panique par toutes les issues et tous les vomitoires, sous des torrents de ténèbres de plus en plus compactes. Brusquement une rougeur immense embrase cette obscure horreur, comme une cave où s'ouvre une porte de four, lèche les murs, enveloppe la confusion de sa lueur d'épouvante et l'on voit ondoyer, comme un métal qui fond, la masse gigantesque, avec ses Dioscures triomphaux et ses taureaux traînant un féminin carnage.

La dernière scène est toute de tendresse et de poétiques larmes. Ce n'est pas le vrai finale, qui n'a jamais été écrit, et qui devait représenter les fureurs de Néron, le parricide jouant au naturel, devant Rome qui brûle, le délire d'Oreste. Ce dénouement était la conclusion de la tragédie : la folie de Néron se déclarait. L'incendie éclairait à plein cette âme sauvage, mettait enfin la tête du monstre dans son vrai jour. Cette fin eschylienne, dominée par la Némésis, pouvait sans doute être fort belle. Je préfère la fin mélodieuse que la mort a faite à l'ouvrage ; parfois la grande artiste donne à l'inachevé la perfection suprême. La dernière page de *Nerone* est une page d'amour, et c'est bien le dernier son que devait rendre en mourant l'âme italienne de son auteur, *dolce anima latina*.

Ce dernier tableau, dans les ombres du souterrain où l'on jette les dépouilles du Cirque, est d'une douceur singulière. Tout n'est pas mort dans cette fosse ; quelque étincelle y palpite encore. C'est là que la vestale Rubria se réveille entre les bras de Phanuel. Asile de paix étrange pendant que rugit l'incendie ! Dans cette morgue, comme au creux d'un sillon, germe la vie éternelle. Phanuel berce la moribonde avec de douces paroles, évente son front brûlant avec le souvenir de la brise qui vient des lacs de Galilée. Caresse mélancolique et navrée de ces vers :

Laggiù
Frà i giunchi di Genèsareth, oscilla
Ancor la barca ove prego Gesù.

« Encore, encore ! » murmure la martyre expirante. La cantilène reprend sur ces anapestes magiques,

Lenta salia dal Libano la luna

et la jeune victime s'endort dans l'enchantement de l'aurore lunaire, du charme nocturne qui se lève sur une pastorale bleue, là-bas, au pays de Jésus, tandis que le théâtre des Césars et l'immense décor de l'Empire s'effondrent comme un songe impur.

Elle me touche ce soir, cette berceuse, plus que les harmonies du sommeil de la Walkyrie et que la lamentation de Brunnhilde parmi les fanfares funèbres de l'écroulement du Walhall. J'y trouve une beauté supérieure à celle de Bayreuth, une Muse plus naturelle que celle qui règne despotiquement sur le *Bühnenfestpiel* du compositeur germanique. Pourquoi Wagner refuse-t-il à l'histoire le pouvoir d'inspirer le drame musical? *Nerone* m'émeut plus qu'aucun mythe. Ce furieux personnage fait partie de mon âme beaucoup plus que les dieux du Rhin. Rome n'a pas perdu son empire sur l'imagination. Nous entendons encore, comme un appel et un reproche, la voix divine qui nous parle de l'idylle galiléenne et des martyrs des catacombes.

Et enfin j'ai retrouvé dans le Mystère de Boïto la clef de l'art des *Sacri Monti*, cette double tradition de Rome, la tendresse chrétienne et le goût atavique des spectacles et des tableaux vivants, cette passion d'émotions vives et de beauté plastique qui a fait de l'Italie la patrie du théâtre.

CHAPITRE VII

Varese est dans un site ouvert, adossé aux
montagnes, qu'on gagne en une heure de
Milan par le chemin de fer électrique. Les
Milanais y vont l'été comme les Romains à
Frascati. Le lac sourit comme une turquoise
dans un cercle de collines basses qu'argente
une brume matinale, une délicate brume de
Pâques où brille doucement un collier de
villas. Toute la campagne n'est qu'une suite
d'enclos et de jardins, un verger de bonheur
qui ondule là-bas jusqu'à Côme, qu'on
devine à une lueur, à une coulée lumineuse
dans son enveloppe d'ouate, et qui est la
réverbération du lac dans toute cette blanche
vapeur pascale.

Le tramway qui conduit à la *Madonna del
Monte* passe, sur la place du XX-Septembre,
devant le monument aux morts, pâté héroïque
de cheval, de victoire et d'affût de canon,

202

où le héros intrépide et nu, coiffé de la bour-
guignotte, s'appuie tranquillement au bou-
clier de la patrie. Les gens de Varèse ne
paraissent pas peu fiers de cette débauche
de bronze. Il y a sur une autre place un second
monument, celui des chasseurs alpins tombés
dans les combats de 1859. Ce carrefour
de Varèse, entre les lacs de Côme, de Lugano
et le lac Majeur, est un point essentiel pour
toute armée en marche de Novare sur Milan.
Garibaldi, flanc-garde de la bataille de Ma-
genta, y bouscula le corps autrichien d'Urban.
Je cherche du regard dans le paysage le vif
désordre d'escarmouches et de fusillades au
coin des murs, l'allègre décousu d'une chasse
dans la saison des roses.

C'est ici qu'apparut au condottière la
marquise Raimondi, Peppina, son dernier et
malheureux amour. Que je voudrais apercevoir l'endroit de la rencontre, le point de
départ du roman ! Fière, en costume d'amazone, sous le petit chapeau d'Eugénie de
Montijo, une jeune audace s'avance (était-
ce le matin ou le soir?) par la route de Côme
et s'arrêtant aux avant-postes demande
hardiment à voir le général. C'était dans
une mauvaise auberge, dans quelque *trat-*

toria servant de quartier général. La jeune messagère apportait un appel de la ville révoltée. Pour le romantique capitaine, il n'en fallut pas davantage. Il crut voir dans la belle frondeuse la Clorinde de la Liberté. Prodigieux Don Quichotte ! Toujours amoureux fou, toujours l'amour fatal, l'amour en coup de foudre, à la vie à la mort. A cinquante-deux ans, le héros demeurait comme à vingt le troubadour de la Révolution ; il avait conservé sa crinière de feu et la flamme de son cœur. Le marquis Raimondi ne refusa pas son alliance au libérateur de l'Italie. La jeune fille se tut et le mariage fut célébré dans la chapelle de la maison.

Le soir, une lettre instruit le général de son malheur : sa femme s'était fiancée en secret à un autre. Garibaldi lui tend le billet : elle baisse la tête sans répondre. Il comprit ce silence ; il avait cinquante ans, et s'était cru aimé ! C'était la faute de ses chimères, la faute de son âme impétueuse. Une dernière flambée de ses illusions, une belle amazone au galop la veille d'une bataille, un caprice subit de ce vieux cœur toujours ardent, c'est lui seul qui avait fait tous les frais du roman. Revenu de son erreur, il trouva aussitôt dans son âme généreuse l'issue de ce pas lamentable. Sans ajouter un mot, il sort de la chambre et monte à cheval pour enterrer son amertume et son humiliation dans la solitude de Caprera.

Il n'était pas le plus à plaindre : il lui restait ses deux maîtresses, la liberté et l'Italie. Ce malentendu romantique prête un peu à sourire. Le geste crâne d'une patriote, ou peut-être d'une jeune curieuse qui se risque pour approcher un chef populaire, ne suffit pas pour décider que cette aristocrate est prête à accorder sa main. L'incandescent Garibaldi eut le tort de prendre trop aisément ses rêves pour argent comptant. Une jeune fille s'enflamme pour une image d'Épinal ; le débraillé de son héros et le désordre d'un corps de garde lui font lever le cœur : quoi de plus naturel? Qui sait si Peppina galopant sur la route de Côme n'était pas plus près de l'amour que le jour du mariage, et ne s'était pas monté la tête pour l'homme qu'elle allait voir? Mais à vingt ans l'amour ne tient pas à la gloire. Un galant quinquagénaire n'est pour lui qu'un barbon. La jeune *marchesina* avait le droit d'engager son cœur ; elle devait avoir le courage de son amour.

Puisqu'elle crut que le devoir l'obligeait d'obéir à son père, on lui reprochera de n'avoir pas eu la force de son sacrifice et d'avoir préféré un bonheur vulgaire à l'honneur d'être l'épouse d'un héros de légende.

Le *tram* qui gravit la colline passe devant le beau jardin public qui est une ancienne villa d'Este, et par un quartier de maisons de plaisance appartenant à des filateurs milanais. Campagne sociable, aspect de bien-être et de cossu qui rappelleraient les environs de Saint-Germain-en-Laye, si le cadre du lac et d'une assez belle montagne n'appuyait ce paysage bourgeois et ne lui prêtait une expression de noblesse et de volupté. On comprend ce que veut dire Stendhal, quand il se plaint de ne pas trouver à Paris un lac et une montagne passables. C'est ici que ce Dauphinois prit l'idée d'une nature parfaite. Ce pays entre Varese et la petite Suisse de la Brianza, est celui où son cœur « mécontent par amour du beau » ne trouvait plus rien à blâmer ; c'était pour lui le pays du bonheur.

Je songe à ce séjour d'octobre 1811, où le secrétaire en congé de M. le comte Pierre

Daru, au retour d'une course à Rome et à Naples, sacrifie le souvenir de la campagne romaine et du golfe de Baïa aux grâces du paysage lombard, parce qu'il y attend une femme. Vais-je retrouver là-haut le casin de M. Bellati, où l'amoureux calmait sa fièvre en dévorant pendant une tempête d'automne le poème de *Fingal*, tandis que se faisait attendre le signal de Mme Pietragrua? Depuis l'année de Marengo où il l'avait connue, la signora avait pris de l'embonpoint et outrageusement épaissi : Stendhal cherchait en vain dans la femme de trente ans la bique maigre et noire qui agitait son jeune sang, et force lui était de convenir qu'elle tournait à la majesté. Cependant il tremble d'émotion devant elle, substituant à la grosse dondon je ne sais quel produit de fantaisie cristallisée et s'apprête à recevoir comme la chute d'un ange cette gaillarde qui en est à son dixième amant.

En bonne fille qu'elle était, et que du reste les galants commençaient à déserter, elle se prêta au caprice de son romanesque soupirant et lui donna, puisqu'il le voulait, la comédie de l'amour à l'italienne, la comédie de la femme sensible que surveille un tyran jaloux. Elle joua supérieurement son rôle. Stendhal, mystifié et ravi, eut le bonheur de cueillir l'amour à minuit, en se glissant par une porte secrète, à la barbe d'un mari vengeur, sous les murs d'un couvent ; il crut disputer une belle âme à la crainte d'un époux et aux terreurs religieuses. Il fut joué aussi complètement que le pauvre Loti à Stamboul, par le trio de ses *Désenchantées*. Il crut connaître l'amour comme dans les romans, la passion telle qu'au seizième siècle, sous la menace des poignards. L'amour est un solo sous les fenêtres d'une inconnue. Stendhal fit le lendemain avec la dame et des amis le pèlerinage que je vais faire : son bonheur colorait le paysage rasséréné. Partout il retrouvait le sourire d'Angela : dans les montagnes veloutées de brumes et qu'éclairent de tendres regards, c'est sa maîtresse qu'il voit encore et la nature lui fait connaître dans ses formes et son visage les sensuelles langueurs des *Hérodiades* de Luini.

Le tram m'arrête à la station dite *Prima Capella*, d'où la route bifurque et part sous un tunnel par un double funiculaire.

L'angle d'inclinaison du sol change brusquement et prend tout à coup des allures
de montagne. Le bourrelet de terres grasses
sur lequel s'étagent les villas de Varese, finit
et la roche nue jaillit dans le ciel comme un
grand cri. A gauche, à deux mille pieds au-
dessus de ma tête, le pic du *Campo dei Fiori*
inscrit dans l'azur ses trois croix, vers lesquelles l'échelle du chemin de fer à crémail-
lère imprime dans la paroi abrupte son trait
de scie. A droite, une seconde flèche qui est
la réplique un peu réduite de la première,
comme les tours inégales d'une façade de
cathédrale, et sur laquelle le vieux village de
la Madonna del Monte perche à 800 mètres
d'altitude sa *Rocca* et son campanile, pareil
à une cigogne sur une cheminée.

Un groupe d'auberges et de boutiques,
une chapelle en rotonde que précède un
charmant portique avec une magnifique ins-
cription des Psaumes :

FVNDAMENTA EJVS IN MONTIBVS SANCTIS

(Ah ! le triomphal effet de cette épigraphie !
Pourquoi Ruskin m'a-t-il soufflé cette ligne
de latin). Enfin, une porte monumentale à
colonnes et à pilastres, avec un bandeau

de triglyphes et un cimier convexe servant de piédestal à une statue de la Vierge : sous le cintre fortement ombré de ce décor, on voit en perspective la route qui s'élève et qui a l'air de finir dans l'azur, sous les pieds de la Madone, et l'on se répète les mots de la litanie : « Porte du ciel... »

Si l'on en croit l'histoire, telle qu'elle est rapportée dans les guides du pays, il paraît que cette montagne aurait été de tout temps le siège d'une vie mystique. Vieux repaire d'Ariens, saint Ambroise, vers la fin du quatrième siècle, aurait purgé ce nid d'hérétiques et apporté sur la montagne une antique Vierge sculptée par saint Luc. Le fait est qu'il existe encore dans le village une Vierge archaïque en pierre, du type auvergnat appelé Vierge de majesté. Il y avait dès lors un pèlerinage assez fréquenté ; des ermites des deux sexes habitaient la montagne et s'y consacraient au service des pèlerins.

Mais bientôt les choses allaient prendre une nuance originale. Vers le temps de Galéas Sforza, deux jeunes filles du pays, les bienheureuses Catherine et Julienne, se retirèrent à leur tour sur cette montagne et commencèrent à vivre, dans des grottes qu'elles y trouvèrent, l'existence des recluses. La première, d'une bonne maison de Pallanza, dévastée par la peste, seule au monde, et guérie elle-même par miracle, se voua à la vie dévote où elle fut bientôt rejointe par son amie. Une troisième compagne ne tarda pas à les retrouver. Celle-ci, nommée Benedetta, de la noble famille des Fiumi, préoccupée de l'exemple que donnaient ces saintes filles, cherchait le moyen de les imiter ; elle se fait conduire à l'ermitage que les deux religieuses occupaient près du sanctuaire et, apercevant le guichet par où les âmes pieuses leur passaient quelque nourriture, elle s'échappe de sa gouvernante et se coule par l'étroit pertuis. Elle saute par la fenêtre, cette aimable fillette, elle passerait par un trou d'aiguille, elle se jette dans l'amour de Dieu comme une autre se ferait enlever et suivrait un amant. Qu'on voudrait, derrière la clôture où on la conserve comme une relique, voir une nonne vous montrer cette chatière à saintes ! Anges, mais femmes aussi, avec des ailes pour s'envoler, sans de pareilles âmes que deviendrait la fantaisie? Et ce qui donne sa teinte à cette

montagne virginale, c'est sa colonie féminine, sa grâce de perchoir à colombes.

Aujourd'hui, la communauté d'Augus-
tines fondée par les bienheureuses Catherine et Julienne est une maison d'éducation
pour les jeunes filles de la contrée. Volière
de jeunesses, chants d'oiseaux dans l'air
pur, devant un des plus beaux paysages du
monde, sur ce balcon qui embrasse la riante
félicité des plaines de Lombardie ! N'est-ce
pas là que fut élevée la fille d'Antonio Bor-
rone, au temps des campagnes de Bonaparte, avant le mariage qui la fit femme du
beau et niais Pietragrua? N'est-ce pas le
souvenir de ses jeunes années et de ses songes
d'adolescence que recherchait la femme mûre
et déjà flétrie par l'automne, quand elle
donnait rendez-vous à l'auteur de l'*Amour*
à l'ombre du couvent de la *Madonna del
Monte?*

Vers l'année 1600, un siècle après la mort
de la bienheureuse Julienne, le chapelain
de la maison était un capucin de Varese,
le P. Jean-Baptiste Aguggiari. L'excellent
homme faisait à pied tous les huit jours le
long chemin qui monte de la ville au village
pour confesser les religieuses, égrenant force

chapelets. C'était le moment où les travaux de Varallo battaient leur plein ; on venait d'entreprendre les chapelles d'Orta. Tout le nord de l'Italie se munissait de *Sacri Monti*, édifiait contre la Réforme ce rempart de sanctuaires. Et le bon religieux songeait qu'après Varallo et Orta, ce serait œuvre pie de compléter la chaîne par une troisième montagne consacrée à la Vierge. Elle-même désignait l'endroit par la vieille statue qu'on y vénérait depuis des siècles, et par la vocation des saintes Catherine et Julienne ; elle semblait réclamer cet hommage, en réparation des outrages dont cette nouvelle engeance des Zwingles et des Calvin abreuvaient la patronne céleste et la mère de Dieu.

Ainsi pensait le bonhomme, émule du Révérend Caimi et digne fils de saint François d'Assise, vivement encouragé dans son pieux dessein par une de ses pénitentes, religieuse de la *Madonna del Monte*, qui portait un beau nom castillan, la sœur Tecla-Maria Cid, dont le frère gouvernait Milan pour le Roi catholique. On aime à retrouver ici le génie de l'Espagne. Sœur Thècle connaissait les fameux retables de Burgos, et ce tragique crucifix gainé de peau humaine (en réalité, c'est un cuir admirablement coloré). A eux deux, la nonne et le capucin, elle par ses lettres et ses prières, l'autre par des sermons, ils se mirent en campagne, ramassèrent les aumônes. Toutes les grandes familles de Milan, Trivulce, Omodei, Litta, Lomazzi, Pusterla, Alciati, Carcano, furent au nombre des donateurs. Un architecte de Varese, Bernasconi, jusqu'à sa mort ne cessa de surveiller l'ouvrage, honneur de sa patrie et gloire de la Madone ; quelque travail qu'il eût à faire, il abandonnait tout pour le chantier du *Sacro Monte*. Tout passait après la Sainte Vierge. Le travail ne dura pourtant guère moins de cent ans. Le P. Aguggiari n'en vit que les commencements. Il mourut en 1631 ; c'était le 4 mai, dans le mois de Marie. On conte qu'à son lit de mort il se fit attacher par une étole à une statue de la Vierge, comme la barque, pour entrer au port, se fait remorquer par le pilote. « Je me confie à vous, étoile de la mer ! »

En effet, cette montagne, c'est un immense *Ave Maria*, c'est un long soupir que ces plaines effilent vers la Madone ; elles aussi, ces mortelles, se font attacher par un ruban

à notre mère du ciel. Comme effet, ce n'est
plus du tout ce que j'ai vu depuis trois jours
à Varallo et à Orta. Voilà bien toujours les
petits kiosques, les *chiesette*, les *tempietti*, et
même plus gracieux que jamais, avec une
variété de formes tout à fait ravissante. Ce
Bernasconi, qui a donné le dessin des chapelles, en a fait un album de toutes les
ressources de son art. Seulement, ce n'est
plus l'essaim de beautés pastorales, le blanc
hameau dispersé sous les ombrages d'Orta ;
ce n'est pas l'esplanade de marbre et
la *Piazza* de Varallo. L'ordre change de
sens et devient vertical ; sur cette flèche
montagneuse, c'est une longue rampe, une
spirale qui se visse dans la grande voûte
bleue, — on s'élève bien de 500 mètres entre
la première station et la dernière, tout là-
haut, vers le petit campanile rose, — spirale monumentale, faite d'une large chaussée
majestueusement pavée, et que bordent de
distance en distance, chacune sur un degré
du rocher angélique, les reposoirs de Bernasconi. Tout cela jaillit en hauteur, monte,
monte toujours et c'est comme si, à mesure,
je retrouvais ciselés en pierre, dans les chapelles de la route, les grains de chapelet

qu'égrena si souvent le bon capucin Aguggiari, en faisant l'ascension du couvent de la sœur Thècle et des bienheureuses Catherine et Julienne.

Et à chaque détour de la spirale, comme on tourne une page d'un livre, un nouvel aspect du paysage apparaît : c'est toujours cette mer laiteuse, cette nappe d'ouates couvrant la plaine à perte de vue, et où des places plus claires indiquent des lueurs de lacs et de rivières ; toujours cette étendue de cultures et de rizières embuées d'une éternelle moiteur, et où je voyais travailler ce matin des équipes de paysans et de bétail dans l'eau jusqu'à mi-jambes, immense horizon inondé qui communique par en dessous son miroitement à ce calme océan de vapeurs ; et, émergeant de là, comme dans les peintures chinoises, cinq ou six nuances de montagnes déployant l'une après l'autre leurs feuilles de paravent, leur archipel de masses de plus en plus immatérielles qui nagent dans le ciel d'argent, au-dessus de ce paysage sans base.

Et on a bientôt l'illusion que la seule chose bien réelle au milieu de cette nébuleuse, c'est la grande spirale lovée à la sainte montagne, cette hélice de granit tournant en plein soleil, isolée dans l'azur au-dessus de ces évanouissements et de toutes ces blancheurs, cette ascension qui vous élève, vous aspire dans le bleu par un rosaire de chapelles, comme si l'âme flottait libre dans une surnaturelle légèreté de Pâques, ayant laissé en bas son poids et son suaire.

Quel relief, sur ce fond de molles perspectives blanchâtres, quelle précision de joyaux prennent au bord de la route ces chapelles aériennes, suspendues entre ciel et terre ! En voici une, la première, qui est vraiment un petit temple accompli : un bijou de petit temple grec, comme pouvait se l'imaginer un homme de la Renaissance, avec son péristyle classique, attendri de charmantes arcades au lieu d'entablement. Ce péristyle forme à la *cella* une tunique délicate, un voile d'atmosphère particulièrement pudique et comme les colonnes qui soutiennent la frange des arcades se dédoublent, et semblent des couples de canéphores décrivant une marche rythmique sur un élégant stylobate, tout cet ensemble touche par une exquise expression virginale. On dirait la parfaite jeune fille de l'architecture.

On entre sous le péristyle, on se penche à la porte grillée de la *cella* et que voit-on à l'intérieur, avec une incroyable saillie de stéréoscope? C'est la chambre de la Sainte Vierge à Nazareth : une chambre assez grande, beaucoup plus vaste de proportions que l'humble cellule où se passe la même scène à Varallo. On sent un autre siècle, un goût du style noble. L'auteur n'oserait plus loger la Vierge dans un réduit de paysanne. Ce qui a changé surtout, c'est l'esprit.

A Varallo, les prophètes assistent à la scène ; on est en pleine théologie. On comprend que ce qui se passe est l'accomplissement d'une pensée éternelle. Toute la Bible est là, témoin de ce mystère, comme aux naissances royales la cour et les États, rangés autour de l'accouchée, étaient présents pour attester l'ordre de la descendance et la légitimité de la race.

Ici, plus d'idéologie ; en revanche, grand progrès de réalisme. Hormis la colombe du Saint-Esprit, pendue au plafond par un fil comme un oiseau en sucre, nulle trace de

la pensée divine ; le grand rêve des siècles
enfantant un Dieu disparaît. Les figures
sont de Prestinari, et des plus élégantes :
l'ange, tombant des nues, dans un grand vol
de ses draperies retroussées qui découvrent
ses belles jambes, montre du bras le ciel dont
il apporte le message ; la Vierge, se levant
à demi de son prie-Dieu, ébauche un double
geste d'humilité et de pudeur, un geste de
demoiselle bien apprise que le page d'un
prince vient demander en mariage. « Lui?...
Moi? » voilà ce que disent ses mains, l'une
posée sur sa poitrine, l'autre tendue en avant
comme pour écarter tant d'honneur, tandis
que les beaux plis de son manteau et de sa
robe expriment la confusion et la surprise
de son corps. Tout ce jeu de mouvements
complexes dans un maintien de grande dame
fait honneur à l'éducation d'une fille si bien
stylée : c'est l'émoi d'une Monime, c'est
Iphigénie troublée. Il semble que cette
beauté va parler en alexandrins.

Et sa chambre, quel aperçu d'un intérieur de jeune fille ! Ce n'est peut-être pas
l'idée qu'une héroïne d'aujourd'hui, mettons
une lectrice de Giraudoux ou de Paul Mo-
rand, se ferait du décor convenable à sa

personne. Ces grands intérieurs de palais italiens nous semblent toujours, à nous autres, désespérément tristes et vides ; ce n'est guère avant Naples et Venise, au milieu du dix-huitième siècle, qu'on perçoit dans le décor du boudoir un peu de rocaille et de chiffonnage, des arrangements féminins. Au début du siècle précédent, la glace n'est pas encore rompue ; rien de douillet, nul moelleux, nul duvet autour de la femme. Point de tentures aux murs, point de tapis sur le carreau. Nulle cheminée non plus, nulle tiédeur (je me souviens de ces hivers romains, où je gelais près d'un *brasero*). Et cependant, en l'absence de toutes choses tendres, il y a déjà ici beaucoup de raffinement : voici le grand lit sculpté avec son traversin sous la courtepointe de velours, le grand baldaquin qui déploie sa voilure et garde le sommeil contre les courants d'air ; voici la table à pattes de lion, la chaise en cuir gaufré à pieds en colonnes torses, le bahut de noyer, le cabinet d'ébène, le coffre du trousseau, tout le mobilier de la jeune fille ; on cherche le lavabo, la cruche, le bassin, le miroir, les petits secrets de la coiffure et de la toilette. L'œil dresse l'inventaire, reconstitue les habitudes, furète un peu indiscrètement, pénètre dans l'intimité, découvre enfin avec bonheur, bien rangée sous le lit, toute une collection de socques et de patins, le jeu de chaussures que la jeune fille va mettre pour sortir.

Détail charmant : vous rappelez-vous les patins sous la couchette de sainte Ursule, dans le tableau de Carpaccio? Pourquoi, de toute la toilette, un soulier, comme une trace de biche, fait-il battre le cœur? Cendrillon en fuyant (en fuyant pour qu'on la poursuive) laisse sur le degré la pantoufle de vair. Sur ce léger socle, ce brodequin où elle se balance, on imagine la beauté et la démarche de la déesse; on mesure l'impression de son poids sur la terre, le pas dont elle foule nos cœurs. Peut-être tout ce terre à terre et ce luxe domestiques, appliqués à la Vierge, paraîtront-ils une faute de tact et presque une indécence. On se figure mal la fille de David dans cet intérieur mondain, dans ce mobilier de jeune patricienne du dix-septième siècle. Une dame de Milan, la marquise Archinti, ne crut pouvoir mieux faire pour honorer la Vierge, que de lui donner pour logis la chambre de sa fille, morte ou peut-être religieuse. La mère consacra ces chères reliques à la Madone, et l'âme de la revenante frôle encore la dépouille amie de sa jeune vie.

Bien entendu, les scènes suivantes, la *Visitation*, la *Nativité*, la *Circoncision*, *Jésus au milieu des docteurs*, répètent un peu les scènes de l'enfance du Christ que je viens de voir à Varallo. La vie de Jésus, pour une grande part, se confond avec celle de sa mère ; il est difficile de distinguer quel est le personnage principal. Ce qui est toujours charmant, par exemple, c'est cette fantaisie des chapelles de Bernasconi, ces petits chefs-d'œuvre d'architecture qui se succèdent avec un caprice d'invention toujours renouvelé, toujours au bon endroit, à quelque coude de la route, dans le site et dans l'attitude qu'on eût choisis pour quelque précieux bibelot. Les figures, en général, sont de Francesco Silva, artiste presque inconnu, qui triomphe dans les sujets aimables et les types de jeunes femmes ; c'est dire qu'il était à son affaire dans un ouvrage comme celui-ci, qui est avant tout une grande symphonie féminine. Rien de plus brillant que l'élan affectueux de la Vierge se jetant dans les bras de la vieille Élisabeth, rien de plus délicat que son agenouillement souriant devant la crèche, et que le double mouvement suspendu de ses mains, pleines de précaution et de tendresse, d'offrande et de protection, ce geste tout neuf, timide et encore interdit de deux jeunes mains qui se tendent pour prendre leur trésor et le serrer sur le cœur avec la peur affreuse de lui faire mal ou de l'effrayer. Première caresse maternelle, nuance aussi nouvelle pour la femme qui en ébauche le geste, que de sentir la première goutte de lait qui gonfle la poitrine et se fraie dans les vaisseaux du corps une route ignorée.

Bien jolie encore, la petite Vierge de la *Circoncision*, confiant son *bambino* au prêtre et le retenant à la fois par un geste qui raffole d'amour, mouvement délicieux que l'artiste a dû prendre sur le vif le jour de quelque baptême ; tandis que, par un trait de sensibilité un peu mièvre, Jésus, se retournant sur les bras de sa mère, au moment d'être posé sur l'autel, lui tend en riant des bras de petit crucifié. C'est joli, trop joli peut-être, frisant presque le maniéré à force de gentillesse, de grâce un peu efféminée ; ce n'est pas la beauté sous sa forme la plus haute, mais c'est d'un sentiment tellement italien. L'artiste se montre tel qu'il est : on lui sait gré de s'amuser et de multiplier autour de ses personnages les compagnes et les suivantes, les costumes de contadines, les tabliers, les cotillons et les mouchoirs, les gracieux minois et les gracieuses épaules, sans raison, simplement pour se faire plaisir, comme les fabricants de *santons* ne sont jamais las de modeler autour des crèches de Noël tout le cortège des bergers et des pastoures de leur pays.

Et cela continue, toujours en s'élevant, de chapelle en chapelle, le long de la grande spirale ; après les « mystères joyeux », voici les « douloureux », que suivront à leur tour, dans l'ordre du rosaire, les mystères « glorieux »; séparés de cinq en cinq chapelles par une nouvelle porte et un arc de triomphe (le premier est dédié à saint François, le second à saint Charles, le dernier à saint Ambroise) ; et après les tableaux calmes, ce sont les tableaux dramatiques et les scènes complexes, et l'agitation, et le tumulte et les foules étourdissantes, les cortèges, les galops, les masses et les trombes humaines de la Scala et les tempêtes sculptées d'Orta et de Varallo ; tout cela, évidemment, de valeur très inégale, et d'ailleurs impossible à décrire sans redites, avec çà et là de très beaux morceaux, comme le *Spasimo* de la Vierge, si noble au milieu de la turbulente et noire *Mise en croix;* mais ce qui se soutient jusqu'au bout sans une défaillance, c'est la perfection des *chiesette* de Bernasconi (on dirait même qu'elles embellissent à mesure et que les dernières sont les plus exquises), et cette impression de monter, de monter encore, de monter toujours au-dessus des plaines et des nuages, pour finir en plein ciel par une assomption et une apothéose.

Cette scène de l'*Assunta* n'est malheureusement pas la meilleure : la Vierge, blanc et or, brillante et rajeunie, n'ayant plus que vingt ans, au milieu d'un tourbillon d'anges, qui rappelle les « gloires » comme il y en a tant dans le chœur des églises baroques, est encore une jolie figure ; mais les Apôtres sont pitoyables, avec leurs gestes de théâtre et le désordre d'un chenil aboyant à la lune. On sort un peu déçu d'un spectacle si vulgaire, alors qu'on attendait une progression et un sommet. Cette fin est bâclée et sent visiblement la fatigue et l'ennui.

Il reste encore, Dieu merci ! quelques centaines de mètres d'ascension à faire pour
arriver jusqu'au village, un dernier bout de
route assez raide pour me faire oublier cette
mauvaise impression et pour admirer le
paysage, dont le soleil achève de dissiper
les voiles et où il ne subsiste à cette heure
qu'un crêpe de lointains sur une immense
mer blonde de plaine et de douceur, sur
l'infini sourire de la grâce lombarde. Une
fontaine monumentale, où se courrouce un
Moïse de pierre, marque le terme de la route
par un dernier décor ; puis, une petite rue de
bourgade italienne, une jolie porte Renaissance timbrée d'un écusson, et me voici dans
l'église au campanile rose, l'église de la *Madonna del Monte*.

Charmante église de formes très calmes et
très pures, à précieux pilastres cannelés et
paisibles arceaux, de l'époque de Bramante,
mais sur laquelle le dix-huitième siècle a
répandu à profusion ses ors, ses stucs et
ses peintures ; une nuée d'angelots sur toutes
les corniches, des bouquets de chérubins
et des guirlandes de fleurs sur les cintres
de tous les arcs, partout un papillotement
de choses envolées, de parcelles lumineuses,

une architecture qui se défait dans une voluptueuse ivresse, dans un suave vertige de parfums et d'encens. J'adore à présent ce chiffonnage des lignes, cette espèce de flottement où les formes se fondent sous les vocalises et sous les fioritures, cette luxuriance baroque qui jadis m'indignait comme la pire corruption du goût ; je suis plein d'indulgence pour ces églises trop parées, à l'air de salons et de boudoirs, où la dévotion se fait caressante et prend les manières de l'amour. Là-haut, les voûtes se vaporisent, les plafonds se dissolvent, s'ouvrent dans les nuages, parmi des balustrades que dépassent les pointes des cyprès ; on n'aperçoit dans les coupoles que des fuites de perspectives et des battements d'ailes dans l'irréel espace. Une riche fantaisie se joue de toutes les formes et en use à sa guise pour en faire un concert, une nouvelle musique qui délivre l'âme et qui charme les sens.

Dans ce sanctuaire, dernière station du rosaire, consacrée au mystère du Couronnement de la Vierge, rien n'évoque directement, rien ne représente cette scène traitée tant de fois par les sculpteurs et par les peintres ; mais tout conspire à exprimer cette sensation de gloire, l'extase du bonheur, un calme état lyrique, du moins tel que les moyens humains sont capables d'en fournir l'idée. Ils donnent l'illusion du ciel avec les ressources de la terre : en noyant l'appareil logique, en volatilisant la charpente de l'architecture, la rocaille ne laisse subsister que les éléments d'un songe.

Douceur de l'abandon dans ce royaume du vague, dans l'ombre luxueuse et le clair-obscur doré d'une église d'Italie. Le regard ne saisit d'abord qu'une confusion de détails, des accords brillants et sourds, une rumeur dans du crépuscule, pareille à un prélude d'orgue. Je distingue çà et là un nœud d'angelots dans un badinage de lumière, le panneau chantourné et fleuri de la chaire, une pergola de treillage peinte à fresque sur une voûte où flottent des séraphins. Voici l'autel des saintes Catherine et Julienne, semblable à une belle armoire de sacristie, incrustée d'ivoire et d'ébène. Enfin, au bout des bas côtés, deux autels que je n'avais pas aperçus tout d'abord, de fort jolis autels de la fin du *quattrocento*, avec des personnages sculptés qui représentent la Circoncision et l'Adoration des mages.

Très jolies scènes, la première surtout,
très curieuses aussi par leur date et par leur
emplacement, à un endroit où d'habitude
on ne met que des tableaux ou tout au plus
un bas-relief ; elles doivent être contempo-
raines de la construction, c'est-à-dire des
dernières années du moyen âge, contempo-
raines des retables d'André della Robbia
qu'on voit dans l'église de l'Alverne. Elles
ont encore un reste de composition archi-
tecturale, un reste de symétrie et d'équilibre
très musical, dans un cadre à colonnes de
la première Renaissance ; les figures sont
encore de dimensions modestes, demi-nature,
pas davantage, avec des gestes très éco-
nomes et très mesurés encore, soucieux de
produire surtout une impression de rythme
par la clarté de l'ordonnance et le calme des
attitudes. Tout est organisé comme dans un
tableau de Pérugin, seulement les personnages sont en bois sculpté et peint et déjà
se détachent du fond ; la sculpture tend à
la ronde-bosse et devient indépendante. Elle
fait un premier pas vers le tableau vivant,
et voilà peut-être le germe de cet art des
Sacri Monti.

Je regarde surtout, dans la *Circonci-*

sion, une jeune suivante qui porte sur la tête une corbeille ; elle marche, et sa robe se fend pour découvrir le genou et la jambe qui s'avance. Décision soudaine ! Un voile se déchire ; un ordre, une retenue séculaires sont enfreints. Cette figure sort du plan, elle quitte le mur, elle ouvre la brèche dans le vieux système des conventions de la sculpture. Elle se jette dans une entreprise folle, dans l'imitation sans limites, la copie, l'illusion absolue de la vie.

Arrête, jeune téméraire ! Le pas que tu franchis ouvre une voie de périls, une voie qui mène au chaos et à l'absurdité. Il est dangereux de te suivre dans cette course à la vérité et aux excès de pathétique. Il y a quelques jours, j'allais revoir, dans un vieux village de chez nous, au bord de la Dordogne, les origines vénérables de la sculpture romane et la merveille de Beaulieu. Trésor de beautés émouvantes dans un bourg vermoulu, grandeur qui n'a d'égales que parmi les archaïques débris d'Olympie et de Delphes ! J'admirais le tympan d'un ordre souverain, le bandeau de rosaces où rampent les dragons, les monstres de la Chine ; je contemplais surtout le magnifique trumeau, formé d'étages d'accolades, et où des figures d'atlantes gravées sur les côtés, dans des attitudes tourmentées, expriment les énergies latentes, les forces de la pierre. Je regardais ces longs spectres à peine dégagés de la matière, ce faisceau d'efforts traduisant le système de poussées et de résistances, le dynamisme de l'architecture, l'ensemble de pesées que résume une colonne, et rendant tout cela sensible par des formes humaines, par des torsions, des grimaces et des gémissements. J'admirais dans ces caryatides du vieux maître inconnu la plus grande création de l'art, l'origine du portail gothique et de ses colonnades humaines, c'est-à-dire l'essai le plus intelligent qu'on ait fait pour animer l'architecture et pour en traduire dans le langage plastique et expressif les conditions d'équilibre, d'aplomb et de stabilité.

Évidemment, il y a dans ce pilier de Beaulieu une beauté bien plus haute que celle de ce *Laocoon*, d'où Lessing crut tirer la poétique de la Grèce, et qui n'est au contraire qu'un terrible *mélo* rhodien, le premier de ces tableaux vivants inspirés du théâtre, qui reproduisent en marbre la pantomime des acteurs. L'art de Beaulieu est peut-être le chef-d'œuvre de l'art monumental, où la sculpture fait corps avec l'édifice et s'identifie avec lui, soulevant la pierre dont elle trahit à la surface le travail interne, comme des feuilles de fougère ou des formes animales, découvertes dans une section de terrain, font apparaître la genèse des constructions géologiques.

Peut-être qu'il eût mieux valu pour le sculpteur de ne jamais sortir des cadres de l'architecture, de ne jamais tâter du mouvement et du drame, d'obéir toujours à la raison du plan et de la pierre. Mais l'esprit italien a rarement reconnu ces lois ; un souffle de berninisme l'emporte de bonne heure, arrache la sculpture à la paroi où elle s'attachait, la pousse à s'isoler du support architectural. Pourquoi ne pas admettre à côté de la statuaire statique un art tout différent, conduit au relief, au mouvement, à la reproduction intégrale de la vie, par un antique instinct du drame et du théâtre? Pourquoi cet art spontané n'aurait-il pas ses droits, surtout dans ces rapides improvisations d'argile? Pourquoi cette création plastique en liberté, cette imitation totale de la nature, ne serait-elle pas, elle aussi, une chose légitime? Je vois dans la jeune canéphore de la *Madonna del Monte* une race qui s'émancipe, toute une génération qui s'échappe et prend la clef des champs, secoue les vieilles chaînes et s'élance pour tenter une grande aventure.

Ce corps charmant qui se fait jour sous sa tunique ouverte, cette jambe qui jaillit et rompt le charme de la muraille, c'est le fruit mûr qui s'ouvre, la grenade qui éclate et répand ses graines : de là toute une descendance, de là le commencement de ce peuple sculpté qui s'est multiplié dans les *Sacri Monti*.

Que les puristes condamnent et que les pédants réprouvent! On est bien forcé de convenir que cet art est une expression nationale. Le lecteur connaît sans doute la légende de l'Assomption, la légende de la cathédrale de Prato. Le jour où la Vierge fut ravie au ciel, saint Thomas, qui avait douté de la résurrection du fils, ne crut pas davantage au miracle qui glorifiait la mère : l'apôtre circonspect demandait une preuve. La Vierge, du haut des cieux, détacha sa ceinture. Un pèlerin toscan la rapporta au moyen âge à la cathédrale de Prato.

Il me semble à présent, du haut de cette église de la *Madonna del Monte*, voir descendre, flotter doucement ce ruban de chapelles, les grains du rosaire de Varese, cette longue chaîne de scènes et de figures aimées du peuple, qui représentaient aux yeux des simples les réalités religieuses, cette race infinie de statues et de bonshommes d'argile qui a duré jusqu'à nos jours, dans certaines campagnes catholiques, en se rapetissant peu à peu jusqu'aux figurines naines des *santons* de Provence et des *presepi* napolitains...

— Demandez le catalogue ! L'explication des numéros ! Indispensable pour la visite...

C'est sur le boulevard, à Paris, un de ces derniers soirs d'automne où, ces notes presque rédigées, l'idée m'est venue de les vérifier par une contre-épreuve et de rentrer, pour la première fois depuis combien d'années? dans les salles du Musée Grévin. Je voudrais voir le dernier aboutissement d'un système, comparer cette fameuse boutique d'actualités avec l'art des *Sacri Monti.*

C'est le soir, dans le quartier Montmartre, le coin le plus affairé et le plus bruyant de

Paris, parmi le double fleuve ininterrompu des autos, le glissement continuel et les éclairs des carrosseries, les lueurs des glaces, les clignotements blancs et rouges des signaux et des phares ; des échafaudages lumineux escaladent les façades, posent des treilles fantastiques, des grappes de lettres multicolores, une fantasmagorie d'affichage et de publicité jusqu'au faîte des maisons à cinq et six étages : des annonces de journaux, de savons, de théâtres, d'alcools, de porte-plumes, vous jettent dans les yeux leurs majuscules de feu, écrivent des noms qui s'effacent brusquement comme au tableau noir et qu'une main invisible retrace aussitôt dans la nuit d'une manière automatique, vous brûlent les paupières par d'étince-lants appels, des promesses aveuglantes de voyages, de sport, de services et de plaisirs.

Là, auprès du passage Jouffroy éblouis-sant de perles et d'ampoules électriques, à côté d'une terrasse incandescente de bras-serie avec ses stores baissés sur ses files de guéridons et de consommateurs, une porte cochère sombre et sale, surmontée de deux Termes en plâtre imitant le bronze. J'aurais juré pourtant qu'il y avait là jadis une Parisienne ou une Pierrette, étonnement de mon enfance, et que je crois revoir encore. Qu'est-elle devenue, cette commère de revue qui frétillait là-haut et jetait son Ohé! Ohé! avec un geste de Thérésa? Où s'en est-elle allée depuis mes jeunes années, depuis le temps lointain où cette Froufrou de carrefour, avec ses grâces chahutées, me donnait ma première idée de la « noce » et de la vie joyeuse?

Sous la voûte crasseuse et obscure, au sortir de l'orgie lumineuse du boulevard, un guichet de verre où l'on prend son billet, et des transparents de verre dépoli qui énumèrent les surprises que vous vend pour 6 francs la marchande d'illusions : le Cabinet fantastique! le Palais des Mirages! Cette antichambre du plaisir est si noire, si sordide, tout a un air si ennuyé et si peu engageant, la dame de la porte elle-même détache ses coupons d'un air si machinal et si indifférent, qu'on a déjà envie de s'enfuir et qu'on est rassasié d'avance de ces merveilles ineptes et de l'expérience qu'on va faire.

Pourtant on pousse la porte, afin de voir jusqu'au bout. Tiens! Une grotte, ou du

moins ce qu'on est convenu d'appeler ainsi
chez les pépiniéristes, avec des rochers en
nougat, où toute une famille de macaques
exécute des singeries ; il y a aussi des glaces
qui s'amusent à vous faire la grimace et à
vous déformer d'une manière comique. Puis,
sans transition, une lumière d'aquarium, un
décor d'algues et de lanières visqueuses et
tentaculaires, dans un éclairage mourant
qui voudrait être sinistre et représenter le
jour des gouffres de l'abîme. C'est « un
drame au fond de la mer », où l'on voit des
plongeurs que l'on suppose hindous et des
pêcheurs de perles, dont l'un est emporté
dans un coin par une pieuvre : chose qui doit
donner à réfléchir aux belles dames amou-
reuses des perles. Elles aussi pourront bien
payer ce goût-là de leur vie, le jour où
quelque prolétaire s'avisera de venger son
frère, victime du luxe, et de faire expier aux
bourgeois ce cadavre de carton.

En deux pas, voilà déjà du cocasse et de
l'humanitaire, des drôleries et du mélodrame.
Quel lien entre ces images? On a l'impression
de circuler dans une cervelle d'ilote, dans
la tête d'un Quasimodo dont l'âme confuse oscille entre des émotions disparates,

entre la gaieté épaisse, la pitié et la colère.

— Demandez le catalogue !... Le guide du Musée ! l'explication de tous les tableaux.

Comme on voudrait savoir quelque chose de ce Grévin, de ce rapin manqué qui eut, un beau jour, l'inspiration de monter cette mirifique affaire et de fournir une telle pâture à la curiosité de ses contemporains. Comment ce bureaucrate, ex-employé du P.-L.-M., chroniqueur assidu des bals et des lieux de plaisir, éditeur d'almanachs, historiographe des cocottes, boute-en-train du *Journal pour rire* et du *Charivari*, en vint-il à concevoir son étrange théâtre de cire ? D'où lui vint son idée de reprendre l'invention de Curtius et de Mme Tussaud, en la perfectionnant par la combinaison avec le spectacle du Diorama ? Ce peintre de goût médiocre avait le génie du journaliste, le sens de la badauderie, l'instinct du bric-à-brac, le flair du fureteur ; il avait du boulevardier et du metteur en scène, du montreur forain et du fouineur, du Gavroche et du Victorien Sardou. Il allait ramasser des bricoles dans le ruisseau, se documentait chez le fripier et le décrochez-moi-ça ; il avait la méthode d'un juge d'instruction opérant une

reconstitution criminelle, la soif d'une por-
tière pour l'anecdote et le fait-divers. Il avait
l'âme d'un *titi* de l'Ambigu, l'enfantillage
d'un gamin, la roublardise d'un truqueur et
d'un machiniste de théâtre. Bref, il était
« public », comme les gens eux-mêmes auxquels il voulait plaire, et il avait le talent
d'exploiter sa passion et de mettre ses dons
au service de ses affaires. Curieux bonhomme
qu'on imagine avec sa pipe et sa barbiche,
son débraillé d'artiste, dans la vareuse des
Jeune-France, telle qu'elle se portait dans
l'atelier du père Coigniet, clignant de l'œil,
prenant un croquis, et merveilleux spécu-
lateur qui maniait comme personne les cré-
dulités populaires.

— Demandez le catalogue !

La grande salle du Musée, avec sa colonnade en fonte tenant de l'Alhambra et du
music-hall de province, est toujours le rendez-vous des dieux, le Zodiaque des étoiles
de première grandeur : une allée de *boxes*, de
stands d'exposition, où se coudoient frater-
nellement toutes les vedettes, tous les « as »
de la politique, du sport et de l'écran,
M. Raymond Poincaré prononçant un dis-
cours, M. Gaston Doumergue souriant et

barré du grand cordon de la Légion d'honneur, le président Coolidge, le général Dawes, Lindbergh sur fond de *Stars and Stripes*, Mussolini en chemise noire prêtant le serment fasciste, notre Saint-Père le pape Benoît XI assis comme Sixte IV dans la fresque du Vatican et recevant Son Éminence le cardinal Dubois, et les camarades bolchevistes, en pelisses de boïards et bonnets d'astrakan, sur les terrasses du Kremlin, M. Paul Poiret en pyjama feuille-morte, créant une robe au milieu d'un bataillon de mannequins, lançant plus de foudres que Jéhovah pour mettre en branle la machine du monde. Çà et là, auprès d'un pilier, on heurte parmi la foule un personnage pareil à vous, et il faut une demi-seconde pour s'apercevoir qu'il est en cire : un huissier gras et goguenard, la serviette sous le bras, ma foi ! c'est M. Léon Daudet (il est donc toujours à Paris). Une tête d'arsouille, des yeux qui chavirent, une démarche de poivrot sur des pattes de canard : qui ne reconnaîtrait Charlot ? Et là-bas, ce jazz-band de pitres et de jocrisses, qui s'évertue sur une estrade, n'est-ce pas le trio burlesque des Fratellini, tandis que, debout sur une pointe, avec un grand geste en couronne, une jambe horizontale, le corps penché en équilibre dans le cercle de gaze de ses jupes, comme si elle traversait un cerceau en papier, la Pavlova retombe sur un orteil au centre de la pièce et donne la mesure à ce ballet de célébrités.

Je poursuis la visite ; voici, au sous-sol, dans les caves, les salles de la Révolution, Marat et sa baignoire, Charlotte Corday, le procès de Mme Roland, Mirabeau qui pérore, Danton qui fait le beau, Louis XVI au Temple, le Dauphin à la Conciergerie, ce qui surnage de l'histoire dans des têtes de primaires, les épisodes épars dans la déroute des siècles, auxquels s'attache, on ne sait pourquoi, un pouvoir de légende. Tout cela au milieu de force « documents », de moulages, d'affiches, de portraits, de « souvenirs », de bibelots, de reliques « authentiques » qui attestent la véracité du récit ; et surtout, chaque scène habilement présentée par surprise, aperçue brusquement de biais, par des tours de force d'ingéniosité, dans l'entre-bâillement et la perspective d'un couloir, si bien que le promeneur a l'impression d'errer dans les coulisses du passé, et

16

comme d'écouter aux portes de l'histoire.

On descend encore **un** étage, et l'on arrive aux Catacombes : *Fabiola*, maintenant ! Les sacrements, le baptême, l'agape, le mariage, joués par des modèles en toges, par des figurants échappés de la *Cène* de Dagnan-Bouveret ; un pas de plus, et c'est le Cirque, les fêtes de Néron, les supplices, les chrétiens aux bêtes, les chairs déchirées par des griffes, les corps en croix, les vierges nues qui brûlent comme des torches... Plus loin, toute une vie de Jésus. Comment tant de choses font-elles pour tenir dans une cave ? J'observe mes voisins ; je note leur intérêt, leur attention, leur gravité. Peu de réflexions à haute voix. Un silence d'église, la conviction presque pieuse de gens qui viennent là pour s'instruire. Qui se douterait que la vieille histoire des martyrs fût encore, en plein Paris, sous le roulement du boulevard, un des principaux aliments de la curiosité ?

Mais, à un coude du même corridor souterrain, qu'est-ce que ce camp en plein soleil, parmi des palissades, de cruels aloès, dans une aridité torride ? De malheureux soldats... Ah ! j'y suis, Biribi ! le bagne militaire ! Nous sommes en plein meeting de quartier populaire. Et, dans cette cellule étouffante, qu'est-ce que ces deux sombres personnages que ronge une idée fixe et que dévore l'angoisse d'une *Anankè* fatale? Sacco et Vanzetti!... Tout de même, à côté de Jésus-Christ...

Et ce n'est pas fini : voici Landru dans le cabinet du juge d'instruction, voici la vie de Napoléon en deux grandes scènes, la gloire et le deuil, la Malmaison et Sainte-Hélène. Prodigieux capharnaüm ! Toute l'incohérence que roule la tête de Caliban, des détritus d'histoire et des lambeaux de feuilles de chou, un égout où traînent pêle-mêle des images de *Petit Journal* et des bribes d'épopée, un ruisseau où voisinent les crimes célèbres, les prouesses sportives, les grands rôles des gouvernements, les *leaders*, les héros sanglants de la Révolution, les étoiles de la couture, de la tribune et de la danse, des réminiscences de l'Empereur et de la Grande Armée, une confusion d'arlequin où flottent quelques lueurs pâlies de christianisme.

Et cet art écœurant, cette hideuse exactitude de bonshommes de cire auxquels le fondant de la matière prête sa mollesse de suif, cette ressemblance blette et huileuse, cette fadeur, cette facilité dégoûtante. Est-ce là le suprême avatar, la dégradation dernière de Varallo, du grand art total, de l'espèce de Bayreuth plastique imaginé jadis dans un esprit de foi par le noble Gaudenzio Ferrari? Quoi qu'on pense de cette école de statuaire paysanne, il y a malgré tout dans ces œuvres d'argile une valeur de chose construite, un souci de la composition, un style, un sérieux, une beauté de sens qui leur confèrent une dignité ou les gardent au moins de l'avilissement. Il y a ces ensembles que font l'architecture et le paysage, ces harmonies et ces concerts de tous les arts et de la nature. Et puis, il y a surtout cette supériorité d'une entreprise spirituelle sur une affaire de commerce. Spectacle pour spectacle, il faut bien convenir que les hommes d'autrefois, qui ne savaient qu'une histoire, ne connaissaient qu'une idée, mais grande, mais profonde, mais sainte, et lui donnaient un tel degré de réalité, possédaient un bien qui nous manque dans notre chaos d'informations, d'outillage, de besoins et de curiosités, et qu'au bout du compte, entre le vieux monde et celui d'aujourd'hui, la grande différence est un progrès de vulgarité.

FIN

TABLE DES MATIÈRES

Cet ouvrage

a été achevé d'imprimer sur les presses

de la

LIBRAIRIE PLON

le 1ᵉʳ juin 1928.